教室にも笑いは大事やで！　第1巻

磨け！先生の笑顔

～笑いが生まれる学級のヒミツ

村野 聡・山本東矢・風雲児 著

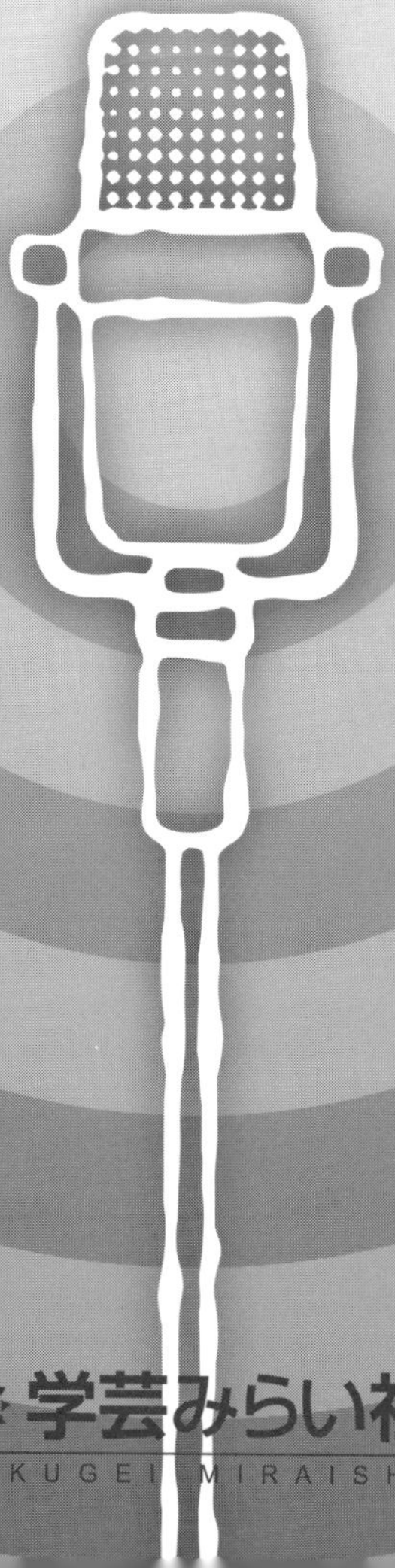

学芸みらい社
GAKUGEI MIRAISHA

まえがき

本書は様々な立場の先生方が執筆した。
・元お笑い芸人の先生。
・管理職の先生。
・マジシャンの先生。
・若い先生。
・若くない先生……（笑）。
それぞれの先生方がそれぞれの立場で小学校現場の「笑い」について発信している。

本来、子どもは笑いが好きだ。

自分たちが笑っているのが好きだし、担任の先生が笑顔でいてくれるのも嬉しい。

であるならば、教師はもっと笑いについて真剣に考えた方が良さそうである。

今以上に笑いのある教室運営を考えるべきである。

とは言え、笑いを真正面から取り上げた研究や書物はなかなか少ない。

笑いを具体的にどう作っていくべきなのか、その本筋を探った実践があまりにも少ないのである。

そこで、我々は本書「磨け！先生の笑顔～笑いが生まれる学級のヒミツ」を世に出したのです。

本書を読んでいただくことで、教師によって作り出される笑いを知ることができる。

さらに、その絶大なる効果も理解していただけるだろう。

教師にも様々なタイプの人がいる（本書執筆者のように……）。

いつも笑顔の人、いつも真面目な顔をしている人、いつも怖そうな人（笑）。

しかし、いつも怖そうな顔をしている先生の学級で子どもがしばしば大きな笑いを飛ばしている例を私は何度も見てきた。

逆に、教師は満面の笑顔なのだが、学級の子どもたちに笑いがないケースも見たことがある。

つまり、教師に笑顔が多少足りなくても、十分に子どもたちを笑わせることができるということだ。

どんな先生でも子どもたちが笑えば、少しは笑顔になるはずである。

その「少しの笑顔」がその学級の子どもたちにとっては最高の先生の笑顔になっているに違いない。

何が言いたいのかというと、教師の笑顔も大切だが、何よりも子どもが笑顔になる学級であってほしいということだ。

子どもが笑っていられる場を私たち教師は作っていくべきである。

是非、本書を読んでいただき、少しでも教室に「笑い」が生まれることを期待している。

本書を出版するにあたり、樋口雅子編集長から多大なるご助言をいただいた。この場でお礼をさせていただきたい。

令和五年六月二十四日　　教材開発士　村野　聡

目次

I 教師は芸人であれ！

Ⅱ 授業に「笑い」を

Ⅲ 学級経営に「笑い」を

目次

Ⅳ 教師の「お笑い」テクニック&上達法

Ⅴ 学校経営に「笑い」を

1 教師は芸人であれ

高橋　良

教師になる前、東京で十年以上お笑い芸人をしていた。教師になっても強く実感することがある。それは、

教師は芸人であれ

だ。間違いない。

1 教師は芸人であれ

教師も芸人も、

自身の立ち振る舞いによって、目の前の子ども（お客さん）の姿が大きく変容する。

一挙手一投足を子ども（お客さん）に見られる。自分の腕前一つで子ども（お客さん）を熱中させる（笑わせる）ことができる。

しかし、違うところが二つある。

① 教師は特別な努力をしなくても、子どもは毎日教室にくる。しかし、芸人は腕を磨き、人気や知名度を高めなければ、お客さんが劇場に足を運ぶことはない。
② 教師は教室で子どもを熱中させなくても、収入に大きな影響はない。しかし、芸人は、お客さんを笑わせられなければ、収入に大きな支障をきたす。

芸人は、劇場で結果を残せなければ、仕事を貰えない。笑いを取れるかどうかは死活問題なのである。

ゆえに腕を磨かざるを得ない。

「教師は芸人であれ」とは、「教師は芸人のように真剣に必死に、腕を磨き続けよう」ということだ。

ぬるま湯につかってはいけない。

2 「面白さ」は「センス」「才能」に依存しない

人前で笑いを生むために必要な要素のうち、「面白いことを思い付くセンス」は一割程度である。残りの九割は、「思い付いた面白いことを純度百％で伝えられる技術」である。

後者の方が断然、大事である。また、後者はいくらでも鍛

えることができる。

駆け出しの芸人の頃の私は、どのお笑いライブに出演しても、スベり続けていた。

そこで私は次のような修行を始めた。

①憧れの芸人のコントや漫才の映像を再生しながら、その芸人と同じスピード、同じトーンで声を出す。この作業を何度も繰り返す。
②慣れてきたら、映像を再生する際、音声はイヤホンを通して聞いて、自分の声だけをICレコーダーで録音する。
③録音した自分の音声を再生し、憧れの芸人の音声と比べて、どの点が違うのかを分析する。
④繰り返し練習して、抑揚や間を徹底的に矯正する。

なんと、この修行をし始めて、二週間ほど経って出演したお笑いライブで、私は爆笑を取ることができたのである。その時に披露したネタは、スベった時と全く同じネタであった。

「面白さ」は「センス」「才能」に依存しない。

大切なことは、「伝え方」である。

「伝え方の技術」さえ高めれば、誰でも、教室で笑いを取ることができる。

3 ツッコミを制する者は、学級経営を制す

教師はツッコミを極めるべきである。

ツッコミが上手な教師の学級の子どもたちは、発言に伸びやかさがある。なぜか。

それは、「どんな発言をしても、先生が面白いツッコミを入れてくれる」という絶対的な安心感があるからである。安心感があるからこそ、子どもたちは、思い切りの良い発言ができるのである。たとえば、子どもがウケを狙いにいって、スベってしまったとしよう。

ここで教師が何もツッコミを入れなければ、子どもは、心に大きな傷を負うだろう。しかし一言、

「この空気、どうしてくれるんだ！（笑）」


とツッコミを入れれば、一気に、場の雰囲気は笑いに包まれる。子どもの発言は、一気にマイナスからプラスへと転じるのだ。

子どもたちは、教師からのツッコミを欲しがっている。

ツッコミを制する者は、学級経営を制すのである。

2 教師はエンターティナーとなれ

高橋　久樹

給食「おかわり」の場面。おかわりをしても、ご飯箱にご飯が残っていたとする。

この時、敢えて、教師がおかわりを超山盛りにする。子どもたちは「そんなに！」と驚く。それを見て、おかわりをする子が、新たに生まれる。

ここで言いたいことは、給食を山盛りにして食べれば良いということでも、残菜をなくせということでもない。時には、

教師の演出力が子どもたちを変える

ということである。ちょっとしたエンターティナーの意識を持つだけで、活気を生むことができるのだ。

子どもたちは、自分たちを楽しませてくれる、笑いを巻き起こしてくれる先生が好きなのだ。

好きな先生の話を子どもたちはよく聞く。指導も入りやすい。若手の先生で学級経営がうまくいかない原因の一つに真面目過ぎるということがいえる。子どもたちはただ真面目な先生が好きなのではなく、

真面目だけど面白い先生が好きなのである。

1 喜怒哀楽を顔で表現できるようになろう

例え面白いネタをやったとしても、教師が黙々と無表情でやったとしたらどうであろうか。せっかくの宝を捨ててしまっているといっても過言ではない。

笑顔・不真面目な顔・とぼけた顔など、笑いの要素となり得る顔ができるように練習をしてもらいたい。例えば、朝歯磨きをする時、わずか五分で良い。五分間笑顔の練習をしてもらいたい。口角を広げ、端を上に上げる。常に頬の筋肉を鍛え、その状態が普通になるように地道に努力をしてもらいたい。

2 笑いの良さを体感しよう

いくら顔の表情を頑張っても、教師自身が心から笑いの良さや楽しさを感じていなければ、いざという時に表情は硬くなり、楽しくできないことだろう。本書にあるようなネタを、

楽しいものと思って取り組んでもらうためにも、笑いの番組を見たり、楽しいと思えることを思いっきりやったりして、何度も何度も楽しいという体感をしてもらいたい。できるなら、映像よりライブで体感できると良い。肌で感じる笑いや楽しさの雰囲気はエンターティナーの要素を身に付けることにもつながる。

3 遊び心を身に付けよう

体感をした後は、是非、自分自身が考えて面白いことをやっていくと良い。あることを「そのまま」するのではなく、「良い意味で意地悪く」する。

学級の一場面で例を挙げる。

子どもたちが頑張ったので「宿題をなし」にする日を設けようとしたとする。これをそのまま「宿題なし」にするのはもったいない。

まず、何をするのかは言わず、「楽しいことだから！」とだけ告げ、子どもたちに代表者を一人選ばせる。やんちゃな子が選ばれることが多い。

「みんなが良く頑張ったので、先生からのプレゼントです。特別にこのスペシャルくじを代表者が一回引けます。黄色い球を引くと、とっても良いことがあります。青色は、はずれです。箱の中には黄色い球が一個……、青い球が十個、入っています（笑）。」

教師はニコニコ笑いながら、代表者に軽くプレッシャーを与えるように告げる。

「当たると良いですね～。当たればね。頑張ってね。」

良い意味でいじるようにする。周りの子からも「頼むぞ～。」というような声が上がる。ここで「オチ」を見せる。代表者以外の子に、窓が付いていて中身が丸見えの箱を示す。

「ああ～！見える！」

「先生、球の位置を話しても良いですか？」

と声が上がる。もちろんＯＫにすると、「右！右！」などの声が上がる。

日常生活でも、こうした遊び心を上手に増やしていってもらいたい。

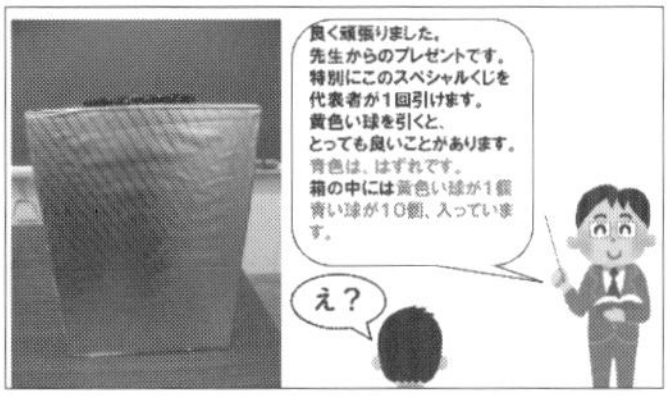

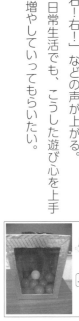

3　笑いを武器にした学級経営論

山本　東矢

笑い、楽しいは学級を良くする。ゲーム、マジックで笑いを作り、その上で教師自身が面白いことをし、ふざけると加速度的に学級は良くなる。挑戦して殻を破ろう。

1 初期の時代「ゲームを武器にした学級経営」

楽しいが大事。学級を良くするために、始めにゲームで学びまくった。ゲームは笑顔と笑いを作る。とても良い。

いろいろと学ぶとゲームは粗く、「対戦型　協力対戦型　協力型」の三つに分かれると分かった。（道具を使う、使わないなどもあるが基本はこの三つ）

子どもの仲良し度、学年によって、使えるゲーム、使えないゲームが分かってきた。

ゲームは思いがけず間違えるのが楽しい。

例えば算数じゃんけん。じゃんけんの合図で指を出す。自分が四本指を出し、相手が二本指を出したら、先に6と答えれば勝ちとなるゲーム（4＋2＝6だから）。

（かけ算、ひき算でもできる）

先に答えを言えないこともある。しかし、負けても楽しい。こういうゲームを集めまくった。

2 中期「超簡単マジックを活用」

「マジックブック」は誰でもできる。とっても楽しく「先生、なんでなんで？」を引き出す。

Amazonで検索したら出る。ネタバレで全部は言えないが、上からめくるか下からめくるかでいろいろと変わる。

子どもたちはとても喜んでくれた。

二千円以内で、一生使えるアイテムだ。買わない手はない。他にも球が増えたり、サイコロが増えたりするマジックもある。

百均でも手に入る。

そうして、マジックを仕入れ続けていった。子どもがとっても喜ぶので、こちらもとても嬉しくなっていった。

しかしである。それだけでは足りないと思った。

3 後期「お笑いや冗談から、子どもたちへの思いを考える」

尊敬する山口県の河田孝文先生。本を何冊も出しているすごい先生。河田先生は、小学校の学芸会でちょい役として、全身白タイツ姿で全校児童、全保護者の前に出たことがある。大爆笑だったらしい（それはそうだろう）。

私はそんなことはできない。が、心の底から尊敬した。

参観に行ってみる。河田先生はよく笑い、よくふざけられていた。しかも、授業は楽しく分かりやすい。

あこがれた。

愛がある。子どもを楽しませようという気持ちと、自分が楽しむという気持ちがある。すごいと思った。

「自分の殻を破れるか」が大事だと感じた。

自分のできる面白いことは何か。かぶりものをするぐらいだろうか。変な動きをすることだろうか。時にはしらけることもあるだろうが、チャレンジしなければと感じた。

「馬鹿にされてもみんなを喜ばせたい」という心はきっと伝わる。仮に伝わらない子がいたとしても、しないよりは、クラスの雰囲気は温かくなるだろう。

4 子どもたちのために、殻を破ろう

「先生、トイレ。」と言われたら「先生はトイレじゃありません。」

「先生、ティッシュ。」と言われたら、「先生はティッシュじゃありません。」

「先生、何座？」と言われたら、「餃子。」と返す。

レベルは低いが、今、いろいろと考えて集めている。

大事なのはウケることではなく、子どもを楽しませる心だ。（そう思いたい（笑））

学級を良くするには五つのことが必要と感じた。

①授業の楽しさ、面白さの演出　②教師の優しい対応　③友だち関係を良くする　④トラブルが生まれにくい公平なシステム構築　⑤勉強が分かり、点数が良くなる。

お笑いを学ぶのは①と②に関連する。そして、子どものために、「一肌脱ぐ」という気持ちが重要だろう。

子どものために、教師は笑いを学ぼう。

4 ユーモアスキルも教えて褒める

宮　まさと

子どもに、ユーモアスキルを教えるための授業を作成した。


掃除の時間のことです。

ふざけてほうきで遊んでいる数名の友達を見て、A子が注意しました。

「ちょっと！ふざけないでちゃんとそうじしてよ。」

注意されたB男は、

「ちょっと～ふざけないでちゃんとそうじしてよ～。」

とふざけてA子の真似をしました。


あなたがA子だったら、どうしますか。

①言い返す　②無視する　③誰かに相談する　④その他

A子は、次のように言いました。

「A子、すごくかわいいね～。」

するとB男は、

「A子、すごくかわいいね～。」

と真似をしたのでした。

見ていたC男は、

「A子の方が一枚上手だ。」と唸ってしまいました。

「感想をどうぞ。」


このように、場を和ませる対応をユーモアスキルと言います。言ってごらん。ユーモアスキルを身に付けるとピンチを切り抜けることができるかもしれません。


別の場面。

D男が筆箱を開けると、

「あれ！消しゴムがない！」

お気に入りの激レア消しゴムがありませんでした。隣のE子は、「なくしちゃったの？」と気にかけてくれました。でも、D男は、次のように答えました。

「大丈夫！だって……」


あなたがD男だったら、何と言いますか。

「大丈夫！だってアイツとの思い出はいつまでも僕の心から消えないから。」

とＤ男は、答えました。

気にかけていたＥ子は、思わず笑ってしまいました。

「感想をどうぞ。」

このように、ユーモアスキルを身に付けると前向きになれるかもしれません。

例えば、給食がカレーだったのに、家に帰ったら、夕飯がまたカレーだったとします。

あなたなら、何と言いますか。

先生なら次のように言います。

「馬は一生草しか食べられない。」

体育着を前後反対に着て笑われちゃったとします。

あなたなら、何と言いますか。

先生なら次のように言います。

「ぼくは、裏表のない人間だからね。」

このように、ユーモアスキルを身に付けると前向きになれるかもしれません。

この授業の組み立ては次のようになっている。

①具体的な場面を取り上げる。
②自分ならどうするか考えさせる。
③ユーモアスキルでの対応案を示す。
④ユーモアスキルを身に付けるとどんないいことがあるのかキーワードで示す。

取り上げる具体的な場面は、実際に学級で起こったことでも良い。子どもたちが自分ごととして考えることができる。

もちろん、子どもたちがすぐにできるようになるわけではない。しかし、ユーモアスキルを知識として教えることはできる。もし、実際に子どもがユーモアスキルで対応することができたら、思い切り褒める。教室に笑いが広がることだろう。

参考資料：『イラスト版子どものユーモア・スキル　学校生活が楽しくなる笑いのコミュニケーション』矢島伸男著（合同出版）

5 笑いのある教室、笑いのない教室

秋山　良介

1 教師は笑顔が大事

子どもたちは笑っている教師の顔を見ると安心している。

教師と同じように笑顔になる子もいる。

子どもたちは、しかめっ面をしている教師よりも笑っている教師の方が好きである。ニコニコしている教師の周りには、ニコニコした子どもたちが集まっている。

子どもの問題行動を指導しないといけない時、命に関わるようなことを話さないといけない時など、笑顔でいられないこともある。

だが、子どもたちと過ごしている多くの時間、教師は笑顔でいないといけないと私は思っている。

授業の名人である有田和正氏は、

一時間で一回も笑いのない授業をした教師は逮捕する。

と言っている。

有田氏が笑顔の大切さを伝えている代表的な言葉である。

2 つまらない活動をしている時も笑顔

掃除の時、私は雑巾がけをしている。

手はほうきで掃除をしている時に比べて汚れる。

冬は手が冷たくなる。

雑巾がけをしていて楽しくはない。

それでも、私はニコニコと雑巾がけをしている。

「笑う門には福来る」とよく言う。楽しいから笑うのではなく、笑うから楽しいのである。

雑巾がけをしながらも笑顔でいると、雑巾がけも楽しくなってくる。

学校現場では、様々な活動を子どもたちと行う。

楽しめないことも多々ある。

運動会、集会、社会見学など、全校や学年で集まることがある。

その時、子どもたちは、長い話を聞いていないといけないことがある。待ち時間が長いこともある。

子どもたちにとって、決して楽しいものではない。

他のことでもそうだ。

学校生活は、嬉しくて楽しめる活動ばかりではない。

職員会議で周知されたことを子どもたちに伝える。

連休の前後などたくさんの配布物を配る。

このような時も笑顔で子どもたちと関わることで、子どもたちもいい表情を見せてくれる。

それに、教室の雰囲気も明るくなる。

3 ミラーニューロン

教師が楽しそうにしていると、子どもたちも楽しそうにしている。

逆に教師がつまらなそうにしていると、子どもたちもつまらなさそうにしている。

また、教師が真剣な表情をしていると、子どもたちも真剣な表情になる。

教師の表情は子どもたちに伝染する。

ミラーニューロンは人の脳にある細胞で「相手の脳の状態を真似する」という機能がある。緊張した人がそばにいると緊張しちゃう、という現象は誰でも体験していることで、イタリアの脳科学者が猿の実験で発見していた。

参考資料：『ミラーニューロンの彼方へ！』大嶋信頼著（青山ライフ出版）

教師の表情は子どもたちに大きく影響することを肝に銘じて、日々、子どもたちと過ごしていきたい。

4 笑顔になる習慣

普段笑顔だからこそ、いざという時の指導が入る。

普段から笑顔でいるために、笑顔の練習も必要不可欠である。

笑顔になる習慣がないと、子どもたちの前でも笑顔になることは難しい。

人間は、習慣がないと実行することが難しい。

朝に顔を洗う時、手を洗う時、学校や家などで鏡の前を通った時にニコッとする。

手洗いや歯磨きのたびにも笑顔の練習ができる。

学校のどこに鏡があるのか把握しておくと、なおさら良い。

わずか数秒である。これだけでも一日に何回も笑顔の練習ができる。

これからも笑顔の練習をして、子どもたちと楽しく関わっていきたい。

6 脳科学的に見た笑いの効用

橋詰　知志

「笑う門には福来る」

笑顔でいることで、子どもも教師も幸せな時間を送ることができる。教師がたくさん笑うことで、子どもたちにたくさんの笑顔を届けてあげたい。

1 笑いで免疫力アップ！

教師が罹りやすい病気の一つに、「癌」がある。人間の体内には、毎日数千個の癌細胞が発生している。このような癌細胞など体に悪影響を及ぼしている物質を退治し、健康な状態を維持している細胞がある。ナチュラルキラー（NK）細胞と呼ばれるリンパ球の一種である。

このNK細胞は、

笑うこと

によって活性化する。笑うことで、健康を維持できるかもしれない。

癌を患い、亡くなった身内がいる私にとっては、是非とも実行したいことである。

2 笑いは痛みにもストレスにも有効

二十年ほど前、私は椎間板ヘルニアを患い、入院した経験がある。退院しても、なかなか痛みが取れなかった。そんなある日、林家木久扇師匠の寄席に行く機会があった。

前座の噺家の時には、腰を気にしながら聞いていた。しかし、木久扇師匠の時間になった途端、腰を気にする余裕がなくなった。五秒に一回、爆笑するような感じだった。

脳科学者の澤口俊之氏によると、エンドルフィンという体の痛みを和らげる脳内ホルモンが出ているかららしい。エンドルフィンは、体の痛みを和らげると同時に、心の痛みも軽くするそうだ。笑うことで、

痛みもストレスも和らげる効果

を得ることができる。

常に緊張を伴う教職という仕事を少しでも楽にするためにも、笑いたい。

3 教師が笑えば、子どもも笑う

教師がしかめっ面をして授業をしていたら、子どもたちはどのような気持ちになるだろうか。教師の表情を見ていたら、きっと楽しい気持ちになれないだろう。

逆に、教師が飛びっきりの笑顔で授業をしていたら、子どもたちもきっとわくわくしながら授業を受けているはずだ。

私自身、笑顔を意識して授業をしていると、子どもたちをどんどん褒めることができるなぁと感じるし、リズムやテンポも良くなっている感じがしている。笑顔でいることで、アンテナが磨かれ、子どもたちのちょっとしたつぶやきにも気づくことが多くなった。

二十年ほど前、ミラーニューロンという神経細胞が発見された。これは、鏡を見ているかのように、他人の行動を見て、自分自身までも同じ行動を取っているかのように反応する脳内の神経細胞のことである。

このミラーニューロンを利用しない手はない。

教師が常に笑顔でいること

で、子どもたちを笑顔にさせることができる。

4 笑うから楽しい

心理学者ウィリアム・ジェームズは、

楽しいから笑うのではなく、笑うから楽しい

という言葉を残した。これは、「アズイフの法則」と呼ばれるものである。

○○なように振る舞えば、○○になれる

という話である。幸せでいるように振る舞えば、幸せになれるということだ。これを学級に当てはめると、

笑顔の素敵な先生のように振る舞えば、笑顔の素敵な先生になれる

となる。笑顔で楽しく授業していきたい。

参考資料：『笑いの力で人生はうまくいく』植西聰著（ゴマブックス）
『笑いの医力』高柳和江著（西村書店）他

7 有田和正氏から学ぶユーモア術

村野 聡

有田和正氏は社会科授業の名人として世に聞こえていた。と同時にユーモアセンスの高さでも高名であった。

有田氏のユーモアセンスを紹介していく。

1 「はてな」のユーモア術

有田氏の「はてな」（学習問題）をいくつか示す。

> ①「おしゃべり」「おこる」は、お母さんのしごとか。
> A児の赤ちゃんの時のよだれかけ、服、帽子、くつなどを提示して、「これを身に付けて、ギャーギャー泣いていたのは誰でしょう。」
> ②学校には、便所が何か所あるか、便器は何個あるか。
> ③日本一野菜をだますのがうまいのは、どこの県の人でしょう。
> ④卑弥呼はパンツをはいていたか。

以上の例示で分かる通り、学習問題そのものが子ども目線のユーモアにあふれている。

もちろん、ただ面白いだけではない。それぞれに明確なねらいがある。

①は子どもの成長を追究させるためのゆさぶり発問。②は水道の学習の導入である。③は「野菜の早づくり」の学習につながる。そして④は卑弥呼への興味関心の引き出しである。

有田氏の「はてな」はありきたりな学習問題を子ども目線の学習問題に加工して提示されていることが分かる。

その際、子どもたちが大好きなユーモアを入れ込んで加工しているのである。

社会科の（いわゆる）真面目な学習問題（例えば、「東京都の水道のしくみについて考えよう」）では、子どもが追究しようとしない。食いつかないのである。

2 指示のユーモア術

有田氏の有名な指示がある。

> えんぴつの先から煙の出るスピードで書きなさい。

私は何度もこの指示を教室で使ってきた。子どもたちから笑いを引き出しながらも教師の意図するところ（速記）をストンと落とすことができた。

これも「はやく書きなさい。」と言うべきところを、誇張法によるユーモアを使って子ども目線の指示に加工しているのである。

3 板書のユーモア術

有田氏の板書でよく見かける表現がある。

勉強の足跡でR

「ある」を「R」と板書するのである。

私は若い頃、この板書法?をよく追試した。子どもたちがクスッと笑う様子が楽しかった。

有田学級の板書は日付にもユーモアがあふれている。

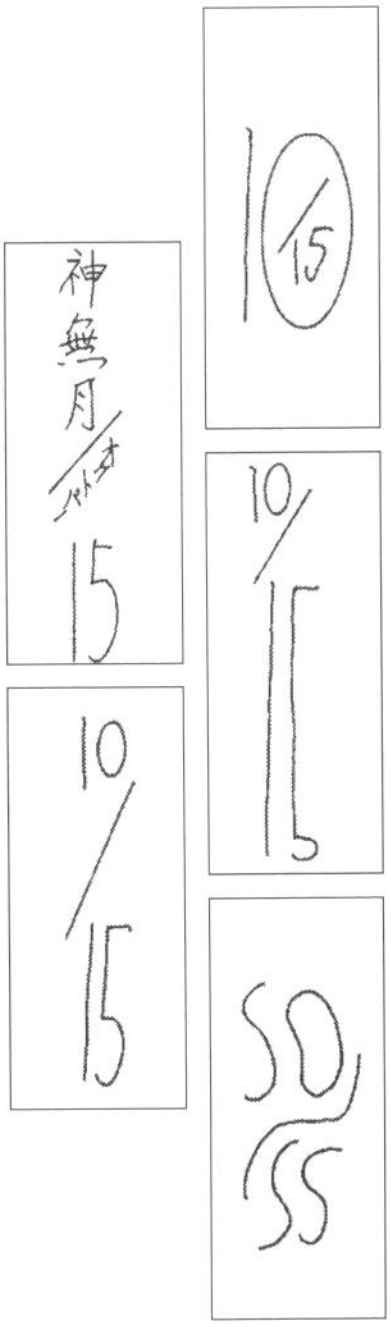

参考資料：『ノート指導の技術』有田和正著（明治図書）

すべて十月十五日を表している。毎日、こんなふうに変化させて、子どもたちを楽しませていたという。

4 子ども対応のユーモア術

有田氏は子どもをよく挑発する。

例えば「わたしがうまれてから」の授業では、子どもが生まれた時と同じ重さの粘土のかたまりを提示する。

「粘土で何を表しているでしょうね。」と発問後、

君たち、カンが悪いから、分からんな。

と煽るのだ。

気を付けないと人権問題になりかねないギリギリのところをついてくる。これも有田氏と子どもたちとの信頼関係があってこそ可能なことなのだ。

最後に有田氏の言葉を引用する（前述の引用書より）。

授業には「笑い」が必要である。「ニコリ」ともしない授業では、子どもも教師も疲れる。成果もあがらない。

有田式ユーモア術を追試して楽しい授業にしよう。

8 人権教育と笑い

木村　雄介

人権教育と笑いは密接に関わっている。人権教育が成功している教室には笑いがあふれている。前説で芸人が何を言っても笑える雰囲気作りと似ている。

1 授業開始は前説と同じ

前説とは、若手のお笑い芸人が劇場での公演などで、本番前に観客に行う説明のことである。観客にとって場の雰囲気を良くするために行うものである。

これは、教師にも通じる。前説と同じである。どれだけ雰囲気良く授業を開始できるかがポイントである。

良い雰囲気とは次のような教室の雰囲気である。

何を言っても許される。

教室にそのような雰囲気があることが大切である。思ったこと、考えたことが言える雰囲気の学級は人権が保障されている。お互いを笑顔で尊重しあえることこそが人権教育であろう。

2 安心できる教室のために

授業開始時、先生は教室でどんな表情をしているのか？

教室の雰囲気は教師次第でいくらでも変わる。「何を言っても許される」雰囲気作りで最も大切なのは、

「教師の笑顔」

である。

いくら「何を言ってもいいんだよ、教室は間違えるところだよ。」と言ってもなかなか子どもが発言しないのは、もしかしたら先生の表情に笑顔がないからかもしれない。怖い顔で、「発表しなさい。」と言っていないだろうか？

「子どもに舐められたらあかん。」と威圧感たっぷりに言っていては、安心できる教室になりようがない。

子どもたちは敏感にその場の雰囲気を察知する。間違えたら怒られるのではないかと思うと発表しようとしないだろう。

どんな意見を言っても温かく包んでくれる雰囲気をつくるには先生の笑顔が不可欠である。

研究授業などでいろんな教室を見る。先生の顔が必死すぎて怖いことがある。そういった時、授業中子どもからの意見が少ないことが多い。

逆にとても笑顔で楽しく授業する先生もいる。間違いなく、その教室では意見がたくさん出てくる。聞いていてこちらも楽しくなってくる。

教師が笑顔でいるからこそ、子どもたちは安心した雰囲気の中で学校生活を送ることができる。玉川大学教職大学院教授の谷和樹氏は教師のベーシックスキルの一番に笑顔を挙げている。毎時間笑顔で授業をすることはとても重要である。

3 教師も間違って良い

教師も人間である。間違いはある。大事なのは、

> **間違った時、潔く謝る姿勢である。**

率先垂範で子どもに間違っても大丈夫だという姿勢を見せることが大事である。

教師が自分の間違いを隠そうとすればするほど、教室は間違いが許されない雰囲気になる。

この時のポイントは、深刻な顔をせず、

> **大人のゆとり感がある笑顔でサラッと謝ることである。**

笑顔はゆとり感を生む。どっしりと教師が構えて、間違っても素直に訂正する姿が子どもたちにとって何にも代え難い見本になる。教師の間違いに対する毎日の姿勢こそが最高の人権教育になるだろう。

4 発表を笑う行為には毅然と対応する

以前、授業で人権教育の一環として命の大切さについて自分の考えを書かせて発表させたことがあった。

Aさんが深刻な顔をして、「死にたくない！」と絶叫した。教室にAさんを茶化すような笑いが起こった。

すかさず「自分の考えをストレートに言えて素晴らしい。」と褒めた。茶化すような、雰囲気は吹き飛んだ。

> **どんな意見でも大切にするという教師の気概を示すことが大切である。**

人権教育における笑いとは、安心できる居場所作りに欠かせないものである。しかし、茶化したり、馬鹿にしたりするような笑いには断固として許さない姿勢が大事である。

1 教室大爆笑の授業事例 低学年

秋山 良介

教師が間違えると子どもたちは大爆笑である。

1 追い読みで間違えて大爆笑

一年生の国語で学習する『おおきなかぶ』を例に挙げる。

先「先生は、間違えるかもしれないけれど、みんなは正しく読みます。ちいさなかぶ。」
子「おおきなかぶ。」
先「間違えていないですね。
おばあさんが、かぶのたねをまきました。」
子「おじいさんが、かぶのたねをまきました。」
先「からいからいかぶになれ。」
子「あまいあまいかぶになれ。」
先「集中して読めてます。
にがいにがい、おおきなおおきなかぶになりました。」
子「あまいあまい、おおきなおおきなかぶになりました。」

このようにして、最後には、

「正しく読めていて素晴らしいです」

と褒めて終わる。

子どもたちはクスクス笑いながら、間違えまいと集中して読むようになる。

このように、一部だけ教師が間違えて、子どもたちに追い読みさせる。

何か所も間違えて読むと、何が何だか分からなくなるので、あまり良くない。

教師が間違えて追い読みをさせる実践は、その文章を子どもたちが何度も音読していて、スラスラ読めることが前提条件である。

また、この実践は、学期に一、二回が適切である。

何回もし過ぎると「またか」と思う子どもも出てくる。そうなると、教室の雰囲気も悪くなってしまう。

たまにするから大爆笑になる。

2 板書で間違えて大爆笑

こちらも教師が正しいことをきちんと教えていて、大半の子どもたちが正しいことを分かっていることが前提となる。

初期の段階や、まだ知識が子どもたちに十分に定着していない時にする指導ではない。

低位の子は間違えて覚えてしまう可能性がある。

大きなマス目がある黒板の右下に、「、」を書く。

「先生、『、』の場所が違います。」

という子が出る。教師は、

「ごめん、ごめん。間違えた。」

と言って、マス目の左下に「、」を書く。

「違います。『、』は、マスの右下です。」

と子どもの声。

「あ、そうだった。」

と、とぼけて、マス目の外の右上に「、」を書く。

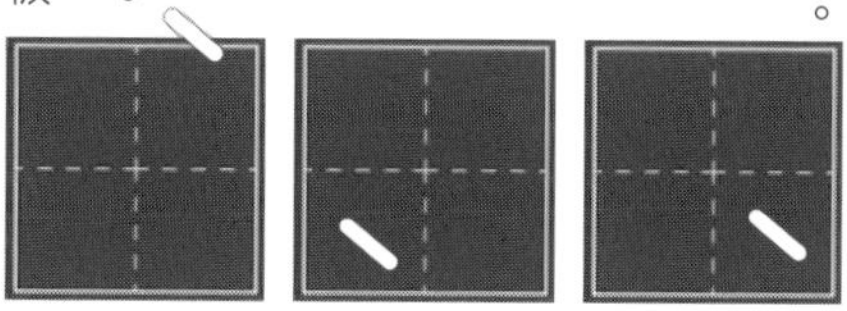

このようにすると、大爆笑している子、黒板の前に出てくる子もいて、教室は熱狂状態になる。

漢字、平仮名、片仮名、促音などいろんなことで実践が可能である。

3 大爆笑で終わらせない

授業に笑いがあるのはいい。

だが、笑って終わりではもったいない。

子どもたちに学力が付かないといけない。

一部の優等生だけを巻き込んでも効果は低い。

全員を巻き込むからこそ、子どもたちの間違いが減る。学力が高くなる。

次のような作業指示をする。

「どうしたら正しくなるか隣の人に言います」
「正しい答えをノートに書いて、先生のところに持ってきます」

クラスの実態、問われていること、かけられる時間などによって、様々に使い分けることが大事だ。

そして、分かっているか確認する。

何人か指名して、発表させる。

一斉に正しい答えを言わせる。

など様々な確認方法が考えられる。

正しいことが発表できたり、ノートに書けていたりしたら褒める。

全員を巻き込んで学力を高めるために、**作業指示**をして、**確認**して、**褒める**という三つが必要である。

2　教室大爆笑の授業事例　中学年

高橋　久樹

中学年　国語　「事実と意見」

①「A　高橋先生は、男だ。」（板書する）正しいと思う人は○、違うと思う人は×をノートに書きなさい。

②「B　高橋先生は、伊勢小学校四年A組の担任だ。」（板書する）正しいと思う人は○、違うと思う人は×をノートに書きなさい。

③「C　高橋先生は、かっこいい。」（板書する）正しいと思う人は○、違うと思う人は×をノートに書きなさい。

④その理由を一言で書いて持ってきなさい。（持ってきた子が○でも×でも、意見を書いてきたことを認めて赤丸をつけてあげる）

⑤○の人、立ちましょう（理由を発表）。

A・B・Cのちがいは何ですか
A　高橋先生は男だ。
B　高橋先生は伊勢小学校の四年A組の担任だ。
C　高橋先生はかっこいい。

⑥×の人、……（二秒待ってから）理由は聞きません！

⑦A・B・Cの違いは何ですか？

（本当のことと違うこと）
（事実と思っていること）
（説明と感想）　など意見を出させる。

⑧AやBのように、誰でも同じように考える当たり前のことを「事実」と言います。

⑨Cのように、好みによって違う、○か×か判定できないようなことを「意見」と言います。

⑩練習します。正しいと思うものに○、違うと思うものに×、理由も書いて持ってきます。どれからチャレンジしてもいい。一つできたら持ってきます。

A・B・Cのちがいは何ですか
A　高橋先生は男だ。
B　高橋先生は伊勢小学校の4年A組の担当だ。　事実
C　高橋先生はかっこいい。　意見

A　阪神は強い。
B　日本はドイツに勝った。
C　メロンはおいしい。
D　トマトは野菜だ。
E　校長先生はやさしい。

内容は、その時の時事ネタや児童の実態に合わせて用意する。

⑪事実と意見に分けましょう。

⑫意見を書く練習をします。

高橋先生は、
かっこいい。
かっこ悪い。
なぜならば、～だからだ

選択

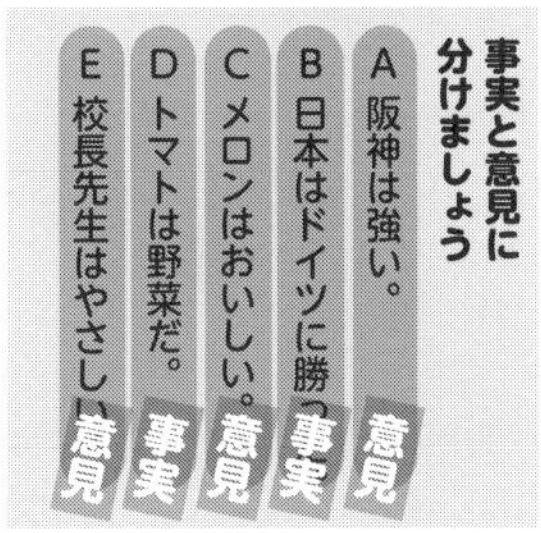
事実と意見に分けましょう
A 阪神は強い。 意見
B 日本はドイツに勝つ 事実
C メロンはおいしい。 意見
D トマトは野菜だ。 事実
E 校長先生はやさしい 意見

ノートに書きましょう。

（書けた子からチェックして、板書させる）

⑬発表をして、感想発表や振り返りをして終わる。

＊四年生であれば、これに加えて「例（例えば）」を入れて書かせるようにすると良い。

解説

㋐女性教師であれば「美しい」などご本人のキャラクターに合わせて文章の設定をしてもらいたい。

㋑導入の場面はテンポ良く進める。①の箇所で、ノートに○か×か書かせたら、「○の人？」と言って「そうですね、○ですね。」と、×が少しいたとしても気にせずに進める。そして、三つ目（③の箇所）で少し時間を取ることで、敢えて子どもたちに（ここは×にしてもいいんだな）と思わせる。教師側もわざとらしく「もちろん○だよな～。」などとつぶやいて盛り上げると良い。

㋒⑥の場面では、×の子が（いよいよ来た！）という雰囲気で今にも立とうとするが、一瞬、間をおいて「理由は聞きません！」と笑顔でキッパリ言う。

㋓学習活動の最後の作文で「かっこいい・かっこ悪い」を選ばせて作文をさせる。できた文章は板書させる他、机間巡視をして、やんちゃな子どもの作文を取り上げ、一層盛り上げると良い。

本授業は、熊本県の椿原正和氏の実践を基にしている。大変盛り上がり、「事実と意見」を分かりやすく指導できる。ただし、前提条件がある。

一定の規律が保たれ、教師と子どもとの信頼関係が担保されていること。

教師との関係性が良くない、もしくは確立できていない状況では逆に悪口の応酬になりかねない。関係性ができる5月以降におすすめしたい。

3 教室大爆笑の授業事例 高学年

木村　雄介

高学年で教室大爆笑の授業は、何といっても向山洋一氏の形容詞の授業が圧倒的である。

1 向山洋一氏の形容詞の授業

①教科書の説明を読ませる。
②ノートを出させる。
③「形容詞」と書かせる。
④全員起立させて、形容詞を二つ書かせる。
⑤一人一つ言わせていく。
⑥教師が発表した形容詞を黒板に書く。
⑦出された形容詞に続けて子どもの名前を読んでいく。

参考資料：『向山洋一の授業シリーズ6　子どもが燃える授業には法則がある』向山洋一著（明治図書）三〇〜三一ページ

何度もこの形容詞の授業を追試した。「危ない木村」、「優しい山本」、「悲しい髙橋」と読んでいくと教室は爆笑の渦に包まれた。高学年で鉄板の大爆笑間違いなしの授業である。

2 教師と子ども同士の信頼関係が大切

向山氏の形容詞の授業は楽しい。教師の説明ばかりのつまらない国語の文法の授業に革命を起こしたと言っても過言ではない。

しかし、気をつけないと人権問題になりかねない部分がある。教師と子どもたちの信頼関係があってこそ可能な授業であることを知っておく必要がある。それは、

お互い冗談を言い合える学級の雰囲気がある状態でなければならないことである。

例えば、教師から「危ない木村」と言われて、それが原因で友達からからかわれて学校が嫌になる子が出てくる可能性は十分にある。学級の状態が良くない時にそのまま追試するといじめの助長につながる恐れがある。

せっかくの面白い授業だとしても、子どもの実態に合わないのであれば、台無しである。

3 教師の授業技量が必要

向山洋一氏の形容詞の授業で最大のポイントは、次の点だ。

出された形容詞に続けて子どもの名前を読んでいく。教師が子どもの名前を入れて読んでいくのである。瞬時に形容詞を見て、どの子の名前が適当なのかを判断して、誰も傷つかないように教師が配慮をしていたと考えられる。

これはひとえに、向山洋一氏が一人一人の子どもの実態把握ができていればこそなせる技である。

例えば、子どもに任せて、適当に名前を入れて読ませていたら、どうだろうか。

「いやらしい」「気持ち悪い」といった形容詞で呼ばれた子が傷つくことは十分予想できる。

追試で、形容詞の下にネームプレートを貼るという実践がある。ネームプレートを貼る時に、教師が何も考えずランダムに貼ってしまうのは、愚の骨頂である。悲しむ子どもが出てくる可能性があるからである。

ネームプレートを貼る場合、

本当にその形容詞の下に、その子の名前で大丈夫なのか

を考える必要がある。そういった配慮の必要を知っていて追試する必要がある。

4 子どもが傷つかない配慮

学級の状態があまり良くない状態での向山洋一氏の形容詞の授業は危険である。そこで絶対に授業しても大丈夫と確信が持てない時は、次の工夫をした。

形容詞の下に教師の名前を入れて読ませる。

こうすることで、子ども同士で嫌な思いをすることは解消される。「あやしい木村、気持ち悪い木村、いやらしい木村」とどんな形容詞が出ても子どもがターゲットになることはない。子どもたちは安心して笑うことが可能になる。

追試する時に気を付けなければならないのは、学級がどういった状態で、その授業をしても大丈夫なのか時期を見極めることだ。

教室が笑いに包まれるというのはとても素敵なことである。しかし追い求め過ぎて、子どもが傷つくようなことがあってはならない。安心・安全な環境だからこそ心から笑える。そのことを肝に銘じて、追試をすることが大事だ。

4 子どもの上手ないじり方

高橋 良

子どもを上手にいじれる教師の授業は、笑いが絶えない。何よりも、子どもが伸び伸びとしている。なぜなら、

どんな発言をしても、教師が上手にいじって笑いに変えてくれる、という絶対的な安心感があるからである。

1 「先生、トイレ」

教師ならば、一度は子どもに言われたことがあるだろう。
「先生、トイレ」
皆さんは、普段、どのような対応をしているだろうか。
最もオーソドックスな対応は

「先生はトイレではありません」

だろう。しかし、ここはバリエーションが欲しい。

私は、ときどき、次のように切り返す。

子 「先生、トイレ」
先 「先生はトイレです」
全員 （笑）
先 「トイレ高橋です」
全員 （爆笑）

子どもたちの意表を突く対応である。
また、次のような対応をすることもある。

子 「先生、トイレ」
先 「最初はグー（勝手にじゃんけんを始める）」
先・子 「じゃんけんぽん（子どもが負ける）」
先 「いってらっしゃい」
全員 「なんでじゃんけんさせたんだよ（笑）」

これも、子どもたちの意表を突く対応である。
「じゃんけんに勝てば、トイレに行けるのか？」と思わせて、実は、勝敗には何の意味もない、というオチまでがワンセットである。

2 わざと別の意味に解釈する

かつて、太郎君（仮名）という、呼吸をするように暴言を吐く子を担任した。授業中、彼が次のような暴言を吐いた。

「学校やだ！早く家に帰りてぇーー！！！」

みなさんなら、どのように対応するだろうか。

A 「そういうことは、思っていても口に出すものではありません」と注意する。
B 「そんなに学校が嫌なのか」と理解を示す。
C 「先生も早く帰りたいなぁ」と共感する。
D 特に対応はせず、受け流す。

私は、次のように対応した。

太郎「学校やだ！早く家に帰りてぇーー！！！」
先「つまり、太郎君はお母さんのことが『好きで好きでたまらない』ってことだな」
太郎「ちげーよ！」
全員（笑）
先「照れてんのか？」
太郎「だから、ちげーよ！」
全員（笑）

太郎君は「学校が嫌だから、早く家に帰りたい」と言っているだけである。そこを逆手にとって

「お母さんのことが好きでたまらないから、早くお家に帰りたい」という意味に解釈したのである。

このように「わざと別の意味に解釈する」といういじり方を、私は様々な場面で活用してきた。

子「先生、（教室が）寒いです」
先「先生がスベッてるみたいな言い方やめてください」

子「先生、（黒板が）見えません」
先「先生は見えます」

子「先生、喉が乾いた（ので、水が飲みたいです）」
先「そうです。私の名前は『喉が乾いた』です。『喉が乾いた』に清き一票をお願いいたします」

そこそこの笑いを期待できるだろう。試してみてほしい。

5 笑いが生まれるこの教材

村野 聡

笑いが生まれる教材を二つ紹介する。

1 新学期スタートすごろく

私は新学期（二学期や三学期にも）初日には「自作すごろく」を子どもたちにやらせてきた。

新学期から笑いが出る内容にする。

①ゆかで十秒ねる
②ダジャレを一発言おう
③変顔してね
④声を出してくるったように笑う
⑤みんなにあやまれ

下に実物を示した。それぞれのコマをよく見ていただくと、笑いを引き出すネタが他にもいろいろ仕組んである。

さらに、学級経営や学習の想起のために次のような内容も入れ込んである。

①班の全員と円陣を組もう（コミュニケーション）
②九の段を言う（復習）

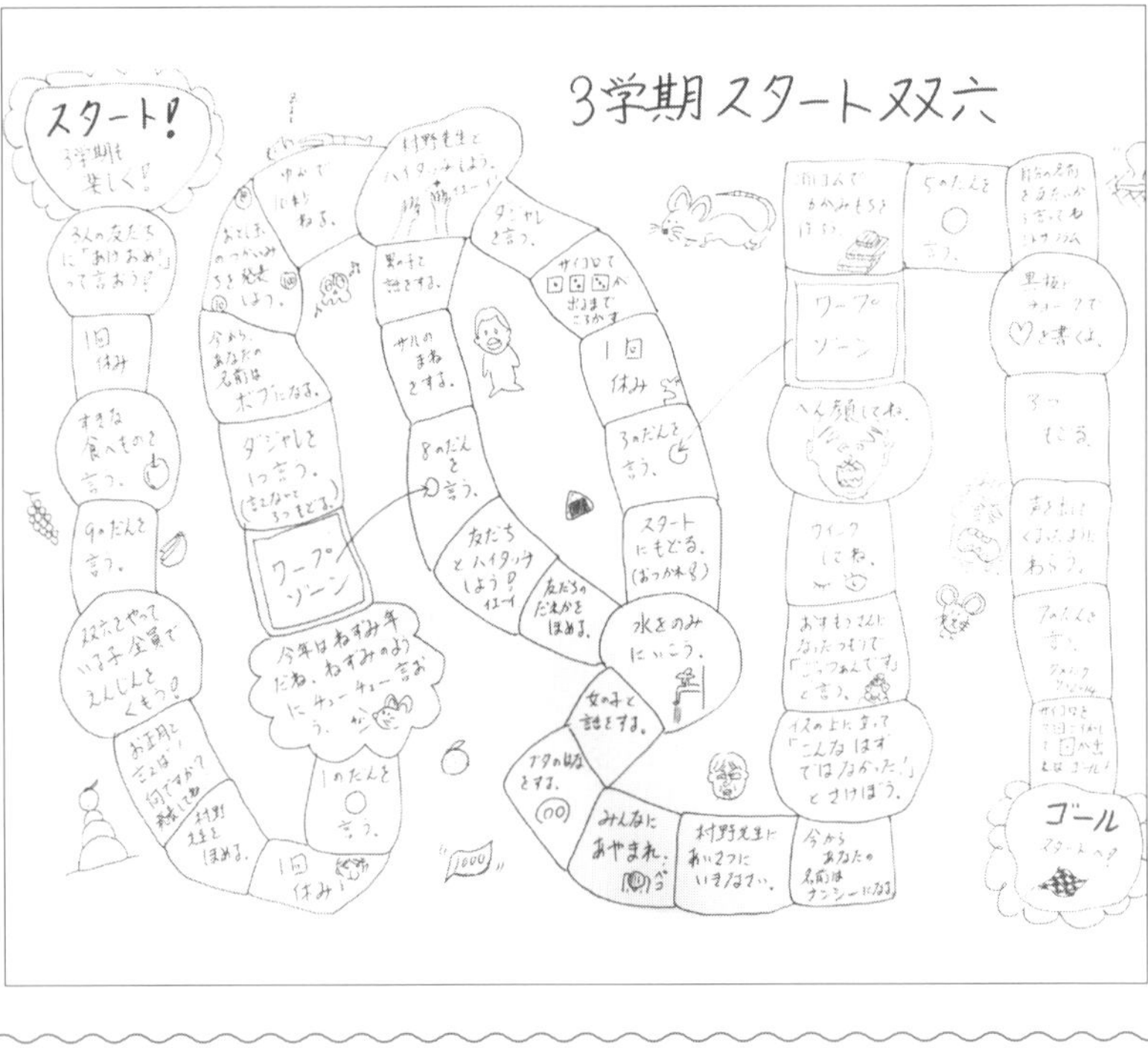

これで新学期は「笑い」からスタートできる。

2 さいころ作文

さいころ作文とは、次のような教材である。

さいころの目に応じた言葉を視写しながら短文を完成させる教材

例えば、次のような選択肢がある。

⚀	いもうとが
⚁	ともだちが
⚂	いぬが
⚃	だるまさんが
⚄	おばけが
⚅	みんなが

↓

⚀	なく。
⚁	ねる。
⚂	ころぶ。
⚃	はなす。
⚄	あそぶ。
⚅	わらう。

最初に「1」が出たら、「いもうとが」と書く。次に「6」が出たら、続きに「わらう。」と書く。こうして、「いもうとがわらう。」という文が完成する。

意外な組み合わせで生まれる文に子どもたちは大爆笑しながらさいころ作文に取り組む。

さいころ作文の良さは以下の通りである。

①さいころの目に応じた言葉を視写しながら文を作るので誤文にならない。

②どんな文ができるのかワクワクするので楽しく学習できる。

③エラーレスなので自習教材（宿題・補教）として活用できる。

さいころ作文を九十六枚集めた本を出版した。

『村野式熱中ゲーム　さいころ作文96』（学芸みらい社）

教科書や指導要領に準拠しているので指導計画に位置付けながら使用できる。

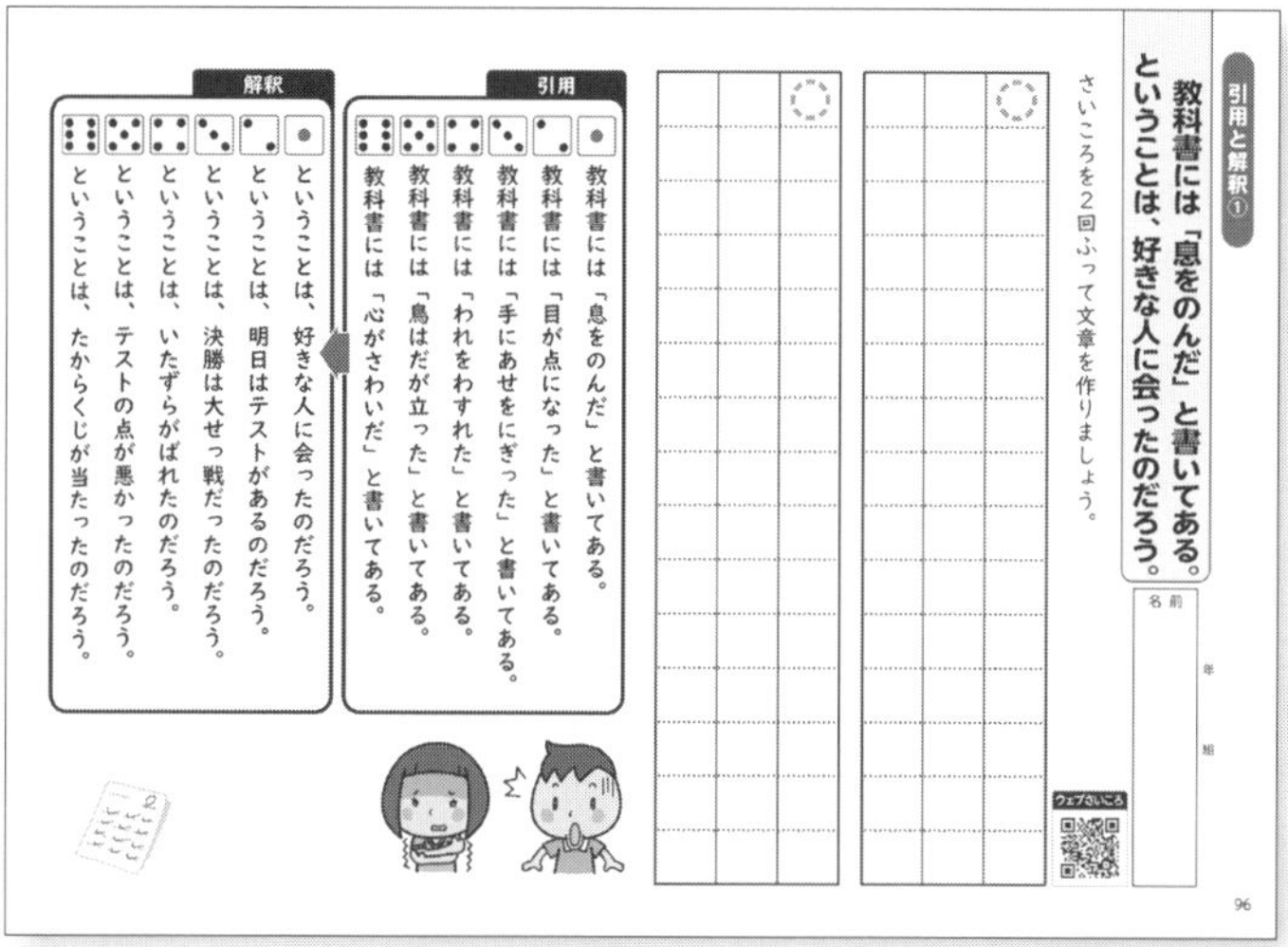
引用と解釈①

教科書には「息をのんだ」と書いてある。ということは、好きな人に会ったのだろう。

さいころを２回ふって文章を作りましょう。

名前　年　組

引用

⚀	教科書には「息をのんだ」と書いてある。
⚁	教科書には「目が点になった」と書いてある。
⚂	教科書には「手にあせをにぎった」と書いてある。
⚃	教科書には「われをわすれた」と書いてある。
⚄	教科書には「鳥はだが立った」と書いてある。
⚅	教科書には「心がさわいだ」と書いてある。

解釈

⚀	ということは、好きな人に会ったのだろう。
⚁	ということは、明日はテストがあるのだろう。
⚂	ということは、決勝は大せっ戦だったのだろう。
⚃	ということは、いたずらがばれたのだろう。
⚄	ということは、テストの点が悪かったのだろう。
⚅	ということは、たからくじが当たったのだろう。

ウェブさいころ

96

6 「笑い」を授業する

山本　東矢

低学年と高学年は笑いの質が違う。低学年だけに受ける笑い、高学年だけに受ける笑い、両方に受ける笑いがある。特質を知り、使うことが大事だ。

1 間違い読み（低学年におススメ）

間違い読みは子どもたちが大爆笑となる。
とくに低学年に爆発的な威力を発揮する。

「教師がわざと間違えて読むが、子どもは正しく読む」という音読方法だ。

始めの導入は詩がおススメである。
詩を正しく何度も読んだ後に言う。
「間違い読みをします。先生はわざと間違えて読みますが、みなさんは正しく文を読んでね。ひっかからずに言えるかなあ、ではいきます。」

先「くらーい　あさひだ　あいうえお」
子（あかるい　あさひだ　あいうえお）
先「いいこと　ないない　あいうえお」
子（いいこと　いろいろ　あいうえお）
先「うさうさ　うきうき　あいうえお」
子（うたごえ　うきうき　あいうえお）
先「えんえん　えんえん　あいうえお」
子（えがおで　えんそく　あいうえお）
先「おむすび　ちょうだい　あいうえお」
子（おいしい　おむすび　あいうえお）

子どもたちは、けらけら笑いながら音読を進めていく。「すごいなあ、先生につられなくて読めたね。スーパー一年生。先生につられた人、いいよいいよ、面白いものね。」などと言って進める。

この間違い読み、ふざけているわけではなく、子どもが「正しい文章を読めているか、文字をしっかりと読むようになっているか」を判断できる。

また「笑ってしまっても、正しく読むことができる」という二つの行動ができるかを見てとれる。結構頭を使う。低学年の段階では、大事な力を養える。

そして、何よりも子どもはとても楽しむ。

❷意味のあることで遊んで笑おう（中学年以上）

算数、不等号でも笑いはとれる。

「5と6はどちらが大きい。」（6です。）

「そうです。さすが。大きい方に向かって、口ばしのような形をかきますよ。」

「こちら（＞）とこちら（＜）どちらをかいたらいいの？」

「そう、6のほうが大きいからこうかくね。かいてごらん。うんいいね。先生に見せて。」

（子どもたち、教師に見せる）

「で、今は簡単だからいいけど、だんだん数字が大きくなった時に見分けがつきやすいように、大きい方に丸をつけます。つけて。」

「いいね。それで間違えにくくなったよ。」

「でね、もっと間違いにくくなるにはね。」

（パッ○マンの絵を描く）（子どもたち、笑う）

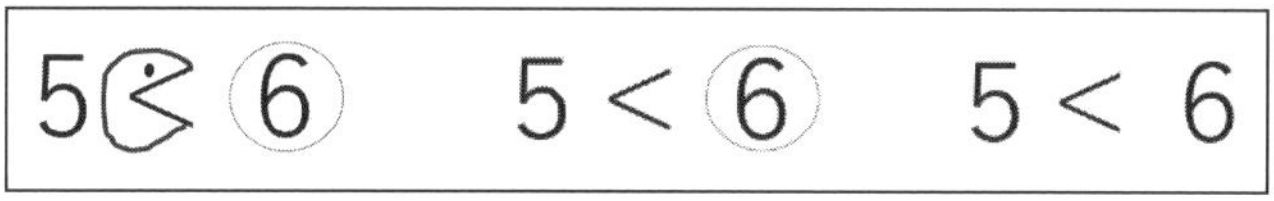

「こんな風にパッ○マンを描くといいよ。パッ○マンは大きい方を食べるので、数字が大きい方に口を開いているね。」

「パッ○マンは大きい方を食べる。言ってごらん。」（パッ○マンは大きい方を食べる。）（子どもたち笑う）

「ふざけているように思うけど、これを何回か描くと、不等号の口が開いている方向を書き間違えないよ。」

「で、この場合はどうなるかな。」

（6と6を書く）

「パッ○マンは迷います。前を向いて考えるから……こうなります。」（子どもたち、笑う）

「あっ。ところで、今は始めだから描いていいけど、テストとかで描くと×になるから気を付けてね（笑）。この一時間はOKだからね。」

数時間授業を進めた後、たまに上のようなヘビの絵を突然描いて遊ぶこともある。

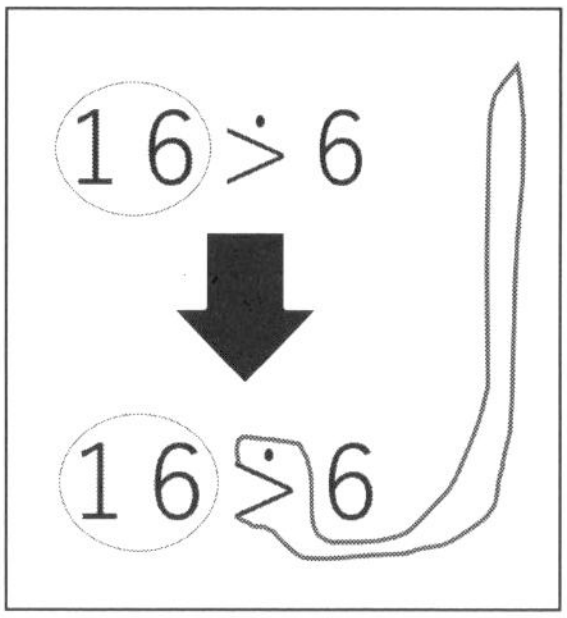

黒板いっぱいに、蛇のしっぽを長く長く描く。子どもたちはポカンとした後に、大笑いする。

これは単なるふざけだがたまには面白い。

7 ICTを使った爆笑授業

宮 まさと

向山洋一氏の実践「〇〇しい」の授業にICTの活用を組み合わせることで笑いが起こる楽しい授業ができる。

なお、原実践の詳細は本書30ページを参照いただきたい。

1 授業の詳細

先「状態を表す言葉です。読んで。」

子「高い。」

先「これは？」

子「低い。」

先「このように物事の状態を表す言葉を『形容詞』と言います。言ってごらん。」

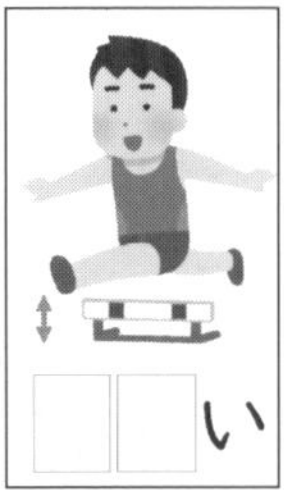

先「形容詞は『〜い』で終わる言葉が多くあります」
「『〜い』で終わる言葉を書けるだけ書きなさい」

軽い、遅い、明るい、暑い、しぶい、固い、多い、濃い、怖い、薄い、甘い、悪い、少ない、寒い、早い、暗い、辛い、丸いなど

先「このように物事の状態を表す言葉を何と言いましたか。」

子「形容詞。」

先「このような形容詞もあります。読んで。」

子「うれしい。」

先「形容詞には『〜しい』で終わる言葉も多くあります」
「『〜しい』で終わる言葉を書けるだけ書きなさい」

美しい、悲しい、おいしい、くやしい、いやらしい、いまいましい、うらやましい、おそろしい、苦しい、すばらしい、やさしい、楽しい、悲しい、優しい　など

先「形容詞を一つ選んでスプレットシートに書きます。自分の出席番号のところに書きなさい。」

1	すばらしい
2	ばからしい
3	ほこらしい
4	悲しい
5	ふてぶてしい
6	アホらしい
7	たのしい
8	かわいらしい
9	苦しい
10	いやらしい
11	憎々しい
12	寒々しい
13	重苦しい
14	優しい

先「形容詞の後に、アンパンマン（キャラクター）を付けます。」
（形容詞の右のセルそれぞれに「アンパンマン」という言葉を一斉に貼り付ける）
先「一番からみんなで読みます。一番、はい。」
子「すばらしい。アンパンマン。」
あとは読み続けるだけでいい。
一〜五番は「アンパンマン」六番〜「ドラえもん」など途中で変化させるのも面白い。
形容詞の後に付けるのは、実在の人物ではなく、架空の人物がいいだろう。
子どもとの関係性や学級の雰囲気が良いのであれば、次の発問も面白い。

先「形容詞の後に先生を付けたとします。最もふさわしいのはどれですか」

子どもから意見が出たら、教師が演者になって芝居をすると笑いが起こる。
例えば、「苦しい先生」が選ばれたら、喉が渇いて苦しそうな姿を演じるのである。

2 ＩＣＴを活用するメリット

まず、多くの意見を瞬時に共有できることだ。

これまでは、板書やノートの交換が多かった。
ＩＣＴを活用すれば共有できる情報量もスピードも格段に上がる。

また、ＩＣＴを活用すると発表が苦手な子どもの意見も共有することができる。

そのため、多くの子どもに参加意識を持たせ、従来の授業では活躍しにくかった子どもを活躍させることができる。
爆笑授業にＩＣＴの活用を組み合わせよう。

参考資料：
○『授業の腕をあげる法則』向山洋一著（明治図書）
○ＴＯＳＳランド坂本佳朗氏実践
https://land.toss-online.com/lesson/aafrk6s5waeqshz
「参観授業・大興奮！-追試「○○○しい」の授業」

8 笑いを取るスピーチ指導

橋詰 知志

クラス全体が楽しくスピーチできるようになるために、「笑い」は必要である。

1 スピーチテーマを決める

どんなテーマでスピーチをするのかは、とても重要である。その中で、初期のテーマとして

先生ネタ

は、とても有効であると考える。

先生の良いところをテーマに、スピーチ原稿を考えさせる。

> **先生の良いところを二十秒でスピーチしてもらいます。今から考える時間を五分くらい取ります。これはと思う先生の良いところを話してください。期待しています。**

直してほしいところや悪いところは、こちらもショックを受けることがあるので、やめておく。

この時、子どもたちから、

「いいところなんてあるのか。」

と、冗談とも本気ともとれるツッコミがあるかもしれない。

そんな時は、

> **たくさんありますよ。かっこいいところ、イケメンなところ、女性に優しいところ、男子に厳しいところ……いっぱいあるじゃないですか（若干女子が味方になってくれるような感じで）。**

と力強く言ったらいい。

2 合いの手を入れながら、指導する

はじめは、スピーチや発言があまり得意ではない子から始める。一言言っただけでも、

「いいこと言うなぁ。ありがとう。それから？」

など、合いの手を入れていく。例えば、

子「先生の良いところは、優しいところです。」

先「いいこと言うなぁ。ありがとう。他には？」

子「そこまで考えていないです。」

先（ずっこける）

これだけでも、教室は笑いに包まれる。

3 頼りにするのはやんちゃ君（さん）

スピーチ指導の時に本当に頼りになるのは、私の実感としてはやんちゃ君である。彼（彼女）らは、

目立つこと

に耐性があるからだ。だから、大いに活用する。

先「では、いよいよ、真打登場です。クラスのスピーチの天才が登場します。B君、お待たせしました」

と、教師がテンションを上げて紹介し、登場させ、クラス全体を集中させる。終了したら、

先「さすがB君、いいねぇ。とても……普通なスピーチでした」

と、最後に少しだけいじってみる。心の中で、B君がやんちゃであることにすごく感謝する瞬間である。

4 無理はさせない

スピーチ指導をする時に気を付けていることは、

無理強いさせない

ことである。段階をおって、全体の前で話すことに慣れさせていけばいいと思っている。隣同士、四、五人の班の中でなど、できる範囲から始めた方が、全員が話すことにつながっていく。

ある児童のスピーチ

橋詰先生の良いところは、とても優しいところです。いつもニコニコしています。あまり怒りません。でも、おかしいなと思うこともありました。忘れ物をしたくらいでは怒らないと言っていたのに、この前、A君が赤白帽子を忘れたと正直に先生に言ったら、怒られていました。ちょっとかわいそうだと思いました。先生も機嫌が悪かったかもなので、A君は運が悪かったと思いました。

1 子どもの暴言に笑いで返す

高橋 良

ユーモアは多くの子どもを救う。
ユーモアはピンチをチャンスに変える。

1 「でも、○○○は、あなたのこと……」

学級崩壊の張本人だった太郎君（仮名）を、五、六年で担任した。
かつての校長先生が言っていた。

「校内で一番大変な子でした」

太郎君は授業中、たびたび暴言を吐いた。
ある時、太郎君は授業中、怒ったような口調で叫んだ。
「うわー！次、算数かよ！俺、算数、大嫌い！このクソ算数が！」
みなさんなら、この暴言に対し、どう対応するだろうか。

A 「マイナスな発言はやめようね」と注意する。
B 「そう思うほど算数が苦手なんだね」と理解を示す。
C 「先生も、算数、嫌だなあ」と共感する。
D 特に対応はせず、受け流す。

私は次のように対応した。

「でも、クソ算数は太郎君のこと大好きだと思うよ」

教室のみんなは大爆笑。太郎君も笑っていた。
ユーモアが、教室のネガティブな雰囲気を救ったのだ。
「でも、○○○は、あなたのこと大好きだと思うよ」は、様々な場面で活用可能である。

子「今日の給食、ピーマンあるじゃん！ピーマン大嫌い！」
先「でも、ピーマンはあなたのこと大好きだと思うよ」

子「今日の体育、シャトルランだし！最悪！」
先「でも、シャトルランはあなたのこと大好きだと思うよ」

是非、ご活用いただきたい。

2 擬人化

ある日の授業中、太郎君は次のような暴言を吐いた。

「くそっ！ なんで明日、土曜なのに学校があんだよ！
学校、来たくねぇ！」

みなさんなら、どう対応するだろうか。

A「決まっていることだから、仕方がないだろう」と注意する。
B「そんなに学校に来たくないのか」と理解を示す。
C「先生だって来たくないよ」と共感する。
D特に対応はせず、受け流す。

私は、次のように対応した。

先「別に学校がS君の家に行ってあげてもいいんだぞ」
太郎「もっと嫌だよ！」

「太郎君にとって嫌な場所である学校が、太郎君の家に迫ってくる」という馬鹿馬鹿しいイメージが頭に浮かぶのか、クラスのみんなは大爆笑。太郎君もなんだか嬉しそう。

また、擬人化を使った手法は、様々な場面で活用できる。

子（休み時間に、椅子ではなく机の上に座っている）
先「机の顔面にお尻を乗せないでください」

子「先生、消しゴムがどこかに行ってしまいました」
先「捜索願いを出してください」

（授業中、他学年が廊下を走る姿を眺めながら）
先「廊下がビックリしていましたね」

子（上履きのかかとを踏んでいる）
先「上履きが悲鳴を上げていますよ」

子「目覚まし時計が鳴らなかったので、遅刻してしまいました」
先「今度、先生と○○君と目覚まし時計君で三者面談をしよう」

擬人化のコツは、「もしもその物体が人間だったら」という視点を持つことである。是非、実践しよう。

2 笑いが生まれる教室環境

木村　雄介

教室に置いておくだけで、笑いが生まれるグッズがある。おすすめのグッズを紹介する。

1 ダンシングフラワー

子どもたちの音読の声や歌の声が小さい時がある。そんな時に有効なのがダンシングフラワーである。

ダンシングフラワーは音に反応して動くので声が小さいと動かない。

ダンシングフラワーを出すと、自然にダンシングフラワーを動かそうと子どもたちは大きな声を出すようになる。またクネクネ動く姿が愛らしくて良い。「株式会社シャイン」の「FlowerBank ひまわり」がおすすめである。

2 ボイスチェンジャー

学級でクイズ大会やお楽しみ会で盛り上がるアイテムがボイスチェンジャーである。

何といっても、おすすめは「タカラトミー」の「『チコちゃんに叱られる！』チコっとボイスチェンジャー」である。

簡単にチコちゃんの声を出すことができて、子どもに大ウケである。

全員伏せさせて、誰の声か当てさせるゲームをしても盛り上がる。

3 ナンジャモンジャ

「すごろくや」の「ナンジャモンジャ」というゲームがおすすめである。このゲームはルールがメチャクチャ簡単である。ランダムに現れる謎生物に名前を付け、再登場した時に素早く名前を呼ぶカードゲームである。

子どもたちが勝手に面白い名前を付けてくれる。それだけで爆笑である。

　また、ワーキングメモリーを鍛えるのにも持って来いである。学級に必ず置いておきたいゲームである。

4 ジェスチャーゲーム

「ビバリー」の「ジェスチャーゲーム」は学級でゲームをする時にとても重宝する。次のように使う。

①カードをよくきり、山札を積む。
②子どもを一人指名して、見えないようにカードを一枚引かせ、さいころを振らせる。
③さいころの数字と同じ番号のカードに書かれたお題を言葉を使わずジェスチャーで表現させる。他の子たちはお題が何かを答える。

　子どもたちが工夫を凝らして、ジェスチャーをする。

　笑いが生まれる教室環境にするためには、自然と笑いが起きる様々なアイテムを知っておくと良い。
　自ら笑わせようとするのは難しいこともあるだろう。
　そこで、重要なのは自然と笑いが起きるようなアイテムを持っておくことである。そうすると、自然と子どもたちが笑い合えるきっかけになる。是非とも試していただきたい。

3 教室で使えるダジャレ集

秋山 良介

1 定番の質問からダジャレ

子「先生、何さいですか。」

ある年の九月、六年生の子に聞かれた。とっさに、
先「天才です。」

子「えっ。そういう意味ではないんですけど……。」

すかさず返した。

先「明日、また聞いてね。あと二十くらいはあるから。」

と言うと、その子は嬉しそうにしていた。

「一切合切（いっさいがっさい）です。」

「実際は、の『実際』です。」

「プールが浅いの『浅い』です。」

「鎌倉時代のお坊さんの『栄西』です。」

様々な「さい」を答えてきた。

こうしているうちに、四、五人の子が毎日のように聞いてくるようになった。

一人の子どもに言ったことでも、他の子に聞かれた時も同じように言うようにしていた。
二週間を過ぎると、子どもたちの聞き方にも変化が出てきた。
子「先生、今日は何さいですか。」
先「（ジェスチャーをつけて）今日は、ジェットエンジン搭載です。」
と言うと笑いが起こった。
子どもたちに聞いてみたこともあった。
先「～さんは、何さいですか。」
子「野村萬斎（のむらまんさい）です。」
先「～さんは。」
子「関西地方の関西です。」
のように、子どもが考えてきたこともあった。

2 シリーズで答える

約二か月間、毎日のように聞かれた。
子「先生、何さいですか。」
先「野菜です。今日からは、野菜シリーズです。」
と言って、次の日から一日に一つずつ、チンゲン菜、温野菜、白菜、山菜、冷菜と言った。

野菜シリーズが終わってからは、他のシリーズで子どもたちからの「何さいですか」に答えた。

チクチク言葉シリーズ
静かにしなさい、めんどうくさい、ダサい、くさい、
いい加減にしなさい
動物のサイシリーズ
アフリカのサイ、シロサイ、クロサイ
才シリーズ
奇才、異才、画才、文才、英才、鈍才
細シリーズ
零細、明細、些細、詳細、微細

3 ダジャレから発展させる

子「『きさい』って何ですか。」
先「鬼に才能の『才』です。」
と説明したこともあった。
また、ある時、「繊細（せんさい）」と答えると、
子「『千歳（せんさい）』って、そんなに年を取っているんですか。」
と聞かれたこともあったので、紙に書いて、
先「繊細とは、性格がデリケートで、何か言われたら傷つきやすいことです。」
などと説明したこともあった。

子どもたちも行ったことがあると思われるショッピングモールの「総力祭」と言った時は、そのショッピングモールの話になった。

いろんな「さい」について子どもたちが考える機会があったり、会話が弾んだりした。

明日は、何と答えようかと思って調べる。翌日、子どもたちと会って答えて、反応を見るのが楽しみだった。

4 今後この実践をするなら

この時はしなかったが、今、この実践をするならば、次のようなことをしたい。

辞書やタブレット端末で調べさせる。
その日に出た「さい」について何か会話をする。

そうすれば、子どもたちの学びにも発展すると考えている。

4 笑いが止まらない教室イベント

山本　東矢

お楽しみ会の出し物、会社活動（レクリエーション系係活動）で行う劇やお笑い。これらが教室に笑いをあふれさせ、笑顔をあふれさせる。お楽しみ会イベントを紹介する。

1 ゲーム系のお楽しみ会

お楽しみ会には、種類がある。

ゲーム系、出し物系、バザー系である。

ゲーム系は、たくさんのゲームを立て続けにしていくものだ。子どもがゲーム好きな場合はいい。

ゲームをたくさんするので、子どもたちは楽しみ、笑う。

はじめは、どんなゲームをしたいかを子どもに出させる。そして、その中から選ばせ、それを教師が運営して進める。

第二回目からは、子どもたちに運営させる。「先生がしたようにやって」と言う。良いスピード感でお楽しみ会が進む。

2 出し物系のお楽しみ会

出し物系は、子どもたちがダンスを踊ったり、クイズを出したり、お笑いを行ったり、様々である。内容は子どもが考える。

①グループを決める。
②グループで何をするか考える。
③黒板に出し物を書き、かぶらないようにする。
④練習。
（この練習が大事である。いろいろと学ぶ。各自の練習）
⑤二チームで見せ合って、練習。
⑥本番。

可能ならば、かぶりものなどを持ってくるのも良しとする。するとさらに盛り上がる。笑いがあふれる。

3 バザー系のお楽しみ会

バザー系は、教室全体を会場とする。

そこで、チームを決めて、何をするかを決める。

例えば、コイン落とし、ボーリング、もぐらたたきなど―。

教室の広さ上、六チームほどが限界であろう。

出し物系と同じように、話合わせてかぶらないようにする。

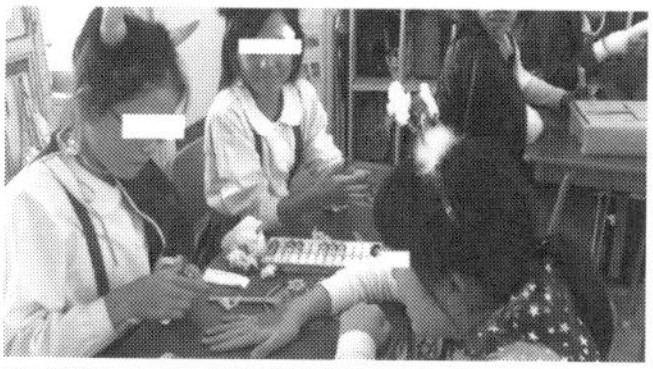

そして、それぞれ作らせる。チーム内でAとBのチームを作る。Aチームが店番、Bチームが回るとする。

写真は、ハロウィンパーティーをした時。ハロウィンの恰好を持ってこさせるのも楽しい。

この時にニセのお金を用意するのも楽しくなる工夫である。

バザー系のお楽しみ会は、各場所で笑顔と笑いが起こる。

4 大事な「良い反応指導」と「盛り上げ指導」

意外と指導されていないが、きちんと良い反応と良くない反応を教え、練習させた方がいい。

四月の誕生日の人の前やお楽しみ会前などに指導する。

① 「どうすれば誕生日の人、お楽しみ会は嬉しい、が多くなるかな？考えてみて。」

いろいろと出させる。

大きな声を出す。盛り上げるなどが出る。

② 「それでは、盛り上げる勉強をしてみるよ。隣の人とじゃんけんをして。負けた人が誕生日の人ね。勝った人、歌って盛り上げてみるよ。盛り上げてね。」

「やってみて。」（やらせる）

「それでは、交代してみて？」（やらせる）

③ 「どう？うまくできた？恥ずかしい人も頑張ってくれてありがとうね。では、班でやってみるよ。班でじゃんけんして、勝った人が誕生日の人ね。」（班でもやらせる）

④ 「みんな、だんだんと上手になってきたね。それでは、本番。○○さん来てください。」（お祝いをする）

⑤ 「すごく、上手にできたね。こういう盛り上げって大事だね。もしかして、今日、お家の人に怒られて気分が沈んでいる人がいるかもしれない。でも、それでも、そのお友達のためにしてあげられると、すごく素敵だよね。」

「お楽しみ会も同じだね。頑張っている人に対して、盛り上げてあげられるといいね。」

このような指導の連続で、ダンス出し物に対して全員が踊ることがある。

Ⅲ

5 子どもの笑いから分かるその子の性格

宮 まさと

子どもの性格を知るための手段をいくつお持ちだろうか。例えば、休み時間や給食中の会話、日記の内容、掃除の取り組み方、話しかけた時の反応など様々考えられる。

実は、子どもの「笑い」もその手段の一つとなる。

永瀬なみ氏（幸せコラムニスト・カウンセラー）は、笑い方には性格が関係していると主張している。氏は笑い方を、次の六つに分類している。

①大きめの声で笑う人
②豪快に笑う人
③手をたたきながら笑う人
④口元を隠して笑う人
⑤含み笑いをする人
⑥鼻で笑う人

それぞれの笑い方について、どのような性格が見えてくるのか、氏の主張を紹介していく。

①大きめの声で笑う人

「ハハハッ！」と大きな声を出して元気に笑う人は、自分の気持ちを表に出すのが得意なタイプである。冗談が好きで、人をよく笑わせることができる。

ただその反面、思ったことをストレートに伝え過ぎてしまったり、マイナスの感情を表情に出してしまったりすることもある。

大きめの声で笑う人は、良くも悪くも「裏表のないタイプ」といえるだろう。

②豪快に笑う人

心から笑っているなら、豪快に笑うタイプは「器の大きな人」といえる。小さなことは気にしない性格で、普段からドンと構えているタイプである。

一方、いわゆる「ばか笑い」と呼ばれる笑い方をする人は「豪快な人」を演じている可能性もある。自分の弱さや劣等感などを見せたくない心理から、豪快に笑って見せるのである。

このように、豪快に笑うからといってその相手が豪快なタイプとは限らない。

③手をたたきながら笑う人

笑いながら手をたたく人には、大げさに笑って見せることで場の雰囲気を盛り上げたり、話している相手の立場を守ろうとしたりする心理が働いている。

ただ、中には自分が目立つためにオーバーなリアクションを取る人もいる。

いつどんな時でも同じように手をたたいて笑っているなら、それは単に自分が目立ちたいだけなのかもしれない。

④口元を隠して笑う人

このタイプの人は、マナーを重んじる傾向にある。

口元を隠す笑い方は、どちらかというと男性よりも女性に多く見られる。おそらく笑い方だけでなく、様々な行いに対してマナーを守るタイプである。

ただ、口元を隠す行動には「本心を悟られたくない」という気持ちや、口にまつわるコンプレックスが隠れている可能性もある。

⑤含み笑いをする人

含み笑いとは、口を閉じたままで笑うことである。

心理学では、含み笑いをする人は感情のコントロールが上手なタイプだといわれている。このタイプは、周囲の状況を意識したり自分の表情に気を使ったりするのが得意である。

また含み笑いは、どちらかというと心に余裕がある時に出る笑いともいえる。もし誰かが含み笑いをしたら、その人はその場で「優位な立場にいる」と思っている可能性がある。

⑥鼻で笑う人

鼻で笑う人はプライドが高い傾向にある。本人は自信を持っている可能性が高い。

もし実際に上から見下ろすような角度で視線を送っていたら、その相手を見下しているのかもしれない。

ただ、中には鼻で笑うことが癖になっている人もいる。この場合は鼻で笑うというより愛想笑いをしている感覚に近いため、本人にとっては特に馬鹿にしているつもりはないだろう。

むしろ愛想笑いなのだとしたら、「これから良い関係を築いていきたい」という気持ちの表れでもある。

このように、笑い方から子どもの性格をある程度知ることができる。大切なことは、その後それぞれの子どもにどう対応するかということだ。例えば、③の子どもには、リーダーへの立候補を勧めてみる。④の子どもには、個別の声かけなど、繊細さへのケアを考える。

参考資料：https://woman.mynavi.jp/article/201216-8/2/

6　子どもをクスッと笑わせる語り

高橋　久樹

子どもたちに笑いを起こす効果は、場を和ませることや教室を活気立たせることだけではない。

笑いに紛れ込ませて、教師の指導を入れていく

効果も期待される。その事例として席替えの場面を紹介する。なお本実践は、三重県の中野慎也氏から学んだことを基にし、私がアレンジして実践をさせていただいたものである。

テーマ「神様」

席替えをする際、くじ引きや好きな人同士ではなく、基本は教師が主導して席次を決めたい。配慮したい児童や人間関係を考慮したいからである。この時、ストレートに「先生が決めます!」とは言わない。

【にこにこ笑顔で】

先「ええ、四月も後半になり、みなさんもクラスに慣れてきました。そんなみなさんの様子から、昨晩、先生の頭にあるお告げが舞い降りました。」

先「神のお告げです。」

(子どもたちは不思議な顔をする)

先「今から、みなさんの席の場所を変えます。神のお告げがやってきたのです。むむむ、先生の頭の中に見える。Aさんの席は、ここ。Bさんの席は、ここ。」

先「……というわけで、いきなりですが、神のお告げにより、席替えをします。」

子「何ですか?それ?神様なんかいるわけないじゃないですか!先生、頭おかしいんじゃないですか?」

先「な、な、何を言っているんだ、神様を馬鹿にしてはいけないぞ!」

子「ぜったい嘘だ!先生、神様がいるなら、ぜひ、連れてきてください!」

先「か、か、神様は忙しいのだ。毎日、みんなが神社にお参りに来るのを迎え入れるために、今日も神社で頑張っておられるのだ!」

子「ええ~、ズル~。」

【ここで少し真面目な顔になって】

先「席はね、視力が低い子はもちろんだけど、質問をすぐに先生に聞けるように前の方にいた方が良い子のためや、どんな子とも仲良くなれるようになるためなど、すごくみなさんが成長するために大事なんだよ。仲の良い子とは、休み時間とかでも一緒にいられるでしょ。勉強の時間は、いろいろな人と協力できるようになってねって意味があるんだ。だから、こうやって決めるんだよ。」

【また緩い顔になって、間髪を入れず】

先「というわけで、神様のお告げです！席替えをします！」

先「むむ、見える、見える。Cさんはここだ。」

と言って板書などをして席替えを行っていく。

【次の席替えの時には……】

先「みなさん、神のお告げがやってきましたよ！」

先「これです！」（と言って紙を取り出す）

子「何ですか？先生、それはコピー用紙ですよ。」

先「何を言っているんだ、神のお告げだ！神様が印刷機で送ってくれたのだ！」

子「神様がそんなことをするわけないじゃないですか。」

先「神様もICTの時代なんだ！ほら、お賽銭を電子マネーでする時代だ！だから神様もこうして印刷してくれたんだ。」

（子どもたちは、ハイハイ、また先生が冗談を言っていると思って受け流してくれる）

【また別の席替えの時には……】

先「はい、今日も神様のお告げがやってきました。」

子「先生、いい加減、冷静になりましょうよ。神様が印刷機でお告げをするわけないじゃないですか？」

先「ん？今日の神様はこれまでの神様じゃないぞ！」紙様（と板書する）

先「ほら、すごい！紙様だ！紙がこうしてみんなのことを考えてくれた！」

（……。）←子どもたちはクスクス笑っている。

先「……。じゃ、じゃ〜席替えをしま〜す。」

席替えなど学級経営の肝になる部分では、時に教師が仕切りたいこともある。しかし、全て真面目にしようとすると反発が出ることがある。

神様ではないことは、低学年でもほとんど分かる。しかし、だからこそ、このような語りはある意味「アホらしくて」良いのである。わざとらしく、しかし、貫くのである。そして、真面目に目的や意味を伝えることも忘れずに行うことが大切である。

7 子どもから「先生面白い」と言われるネタ

村野 聡

子どもは「面白い先生」が大好きだ。
そんな「面白い」先生になるためのネタを五つ紹介する。
今回のネタは子どもと一対一でやりとりして、子どもをだまして楽しませるネタである。

ネタ① 金太郎

先「金太郎って十回言ってごらん。」
子「金太郎、金太郎、金太郎……金太郎。」
先「カメをいじめたのはだれ？」
子「浦島太郎！」
先「残念でした！カメをいじめたのは村の子どもたちです。」

ネタ② 同じ色

先「今から、先生がいろいろな物の色をあなたに聞いていきますので答えてください。ただし、同じ色を決して二度言ってはいけません。簡単だよね。同じ色を二度言わなければいいのだから。」

教師は教室にある物を適当に指して色を聞いていく。

先「これは何色？」
子「赤。」
先「では、これは何色？」
子「青。」
先「これは？」
子「白。」
先「えっ？」
子「白。」
先「何？」
子「白。」
先「はい。今、同じ色（白）を三回も言いましたね。」

ネタ③ しずおか

先「今から先生があなたにいろいろな質問をしますが、何を聞かれても『しずおか』って答えてくださいね。」
先「質問を結構早口で言いますので、あなたも早口で答えてください。では、始めます。」
先「お茶がおいしいのは？」
子「しずおか。」
先「旅行で行きたいのは？」

子「しずおか。」
先「浜名湖があるのは？」
子「しずおか。」
先「塩漬け。」
子「しおずか。」（言い間違える）

　教師が立て続けに質問していくことがコツになる。

ネタ④　わかれ道

先「今から先生があなたにいろいろ聞いていきますが、約束が一つあります。絶対に『知らない』とか『分からない』などの言葉を言ってはいけません。では、始めます。」
先「ある男の人が道を歩いていました。わかれ道でした。右と左、どちらに行ったでしょうか。」
子「右？」
先「そうそう、右に行ったのです。さらに男の人が歩いていくと、またわかれ道がありました。どちらに行ったと思う？」
子「左？」
先「そ、そうだよね。左に行ったのです。男の人がさらに進むとまたわかれ道でした。右と左、どちらに行ったと思う？」
子「右？」
先**「…あれ？もしかして、このゲームのこと知っているでしょう？」**

子「知らないです。」
先「あっ、今、『知らない』って言ったね！」

　太字のところで、教師がゲームを一旦やめて子どもに質問している体で話すのがポイントになる。

ネタ⑤　ボタン

　教師は下の写真のように、肘を示しながら、
「ここにボタンがあるから押して。」
と子どもに言う。

　子どもが肘のボタンを押した途端、右手で子どもの頭をチョップする。もちろん、軽くだ。これで終わらず教師は、
「もう一回ボタン押してよ。」
と子どもに言う。子どもはボタンを押しながら、チョップを避けようとして頭をそらす。その瞬間に教師は左手で子どものお腹を突く。もちろん、優しくだ。

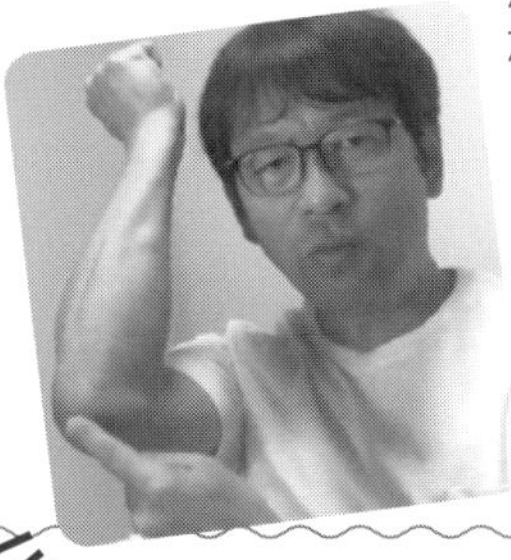

　上（右手）からの攻撃を避けようとするが、左手の攻撃を腹に受けることになる。

　以上、五つのネタは動画で見ることができる。下のＱＲコードから私のＹｏｕＴｕｂｅチャンネルでご覧いただきたい。

8 朝から子どもを笑わせる技

橋詰 知志

休み明けの月曜日、登校するのが億劫な子どもたちもいることだろう。子どもたちを笑顔にし、学校モードに切り替えさせるには、「笑い」が有効である。

1 笑顔で迎える

月曜日の朝、是非とも子どもたちを教室で迎えたい。子どもたちが教室に入ってきたら、何か仕事をしながらではなく、心から迎えるという気持ちを伝えたい。私は、月曜日の朝は、教室の入り口で迎える。この時、教師は笑顔で迎えたい。

学校に行きたくないという気持ちと闘いながら登校してきた子もいるだろう。

登校してきてくれてありがとう

という感謝の気持ちで迎えたら、子どもたちを自然と笑顔で迎えることができる。子どもたちを笑顔にさせたいならば、

まずは教師が笑顔でいること

に尽きる。

2 写真について「一言」

勤務校は、月曜日に全校朝会が行われる。特に夏場は、運動場に整列し、十五分ほど立っているので、体力的にも大変である。

大切な月曜日の一時間目。笑いで授業モードに突入させたい。「写真について一言」がとても有効であった。

写真を電子黒板等に映し、その写真について何かコメントを発表するというものである。

私のクラスでは、よく女子が私に「いたずら」をする。自分の帽子を私にかぶせたり、ヘアゴムを髪の毛に付けてみたり。ある時、その姿を写真に撮ってもらって、クラス全体に見せたらどうなるか……と思い、提示してみた。写真を出した瞬間、くすくすとあちらこちらで笑いが起こった。

このような写真について、子どもたちは一言を考えていく。

個人で考えさせてもいい。隣同士やグループで考えさせ、評定しても盛り上がる。コメントを考えることで、子どもたちは頭を働かせるし、笑いが起こることによって、脳が活性化して、学校モードへの切り替えもできる。

悪口や誹謗中傷にならないこと
子ども個人の写真は使わないこと
どんな意見にも肯定的な返し（拍手など）をすること

を守れば、楽しい時間を過ごすことができる。

ちなみに、先の写真については、

・黄色帽子、似合うね！
・かわいいはし子（私のニックネーム）
・微妙にマスク歪んでる

などのコメントが出て、楽しいひと時となった。面白写真でなくても、何気ない風景の写真や学校の一コマの写真でも、子どもたちは知的で面白いコメントを考えてくれる。さらに、瞬発力や発言に対する耐性も付けることができると考えている。週に一回、何らかの写真を提示して取り組んでいる。

3 ゲームで笑顔を作り出す

月曜日に限らず、朝は子どもたちの反応がイマイチな時が多い。そんな時は、クラス全体で行うゲームが最適である。一時間目が始まる前、五分間あれば、楽しい時間を過ごすことができる。

・餃子じゃんけん
・船長さんの命令
・ステレオゲーム

など、教師がたくさんのゲームを知っていることで、子どもたちに笑顔をプレゼントすることができ、朝から楽しい時間を過ごすことができる。

ゲームのことを詳しく知りたい方は、山本東矢氏の「仲間づくり学級ゲーム50（学芸みらい社）」がオススメである。QRコードを読み込めば、全てのゲームの動画を見ることができ、即追試可能である。

参考資料：『山本東矢の仲間づくり学級ゲーム50』山本東矢著（学芸みらい社）

9 叱る時でも笑いを取る教師の語り

高橋　良

教師たる者、子どもを叱る時であっても、笑いを取る貪欲さを持つべきである。

なぜなら、いつでも笑いを取ろうとする姿勢が、教師の心に圧倒的な余裕を生むからである。

1 満面の笑みを浮かべながら叱る

私は時々、「満面の笑みを浮かべながら叱る」という、誠に不気味なテクニックを使う。

例えば、子どもが私に対して、とても失礼な発言をしたとしよう。

子「こんなプリント、やってらんねー」
先「そういうことを言うと……（真剣な表情）、本気で怒りますよ？（満面の笑み）」

本気で怒ろうという人が、満面の笑みを浮かべているのである。不気味である。これはもう、笑うしかない。

「満面の笑みを浮かべながら叱る」という技は、汎用性が高い。私は様々な形で活用している。

子「今日の宿題、多過ぎ。めんどくさっ」
先「そういうこと言うと……（真剣な表情）、もっと増やしますよ？（満面の笑み）」

子「先生。廊下を走ってもいいですか」
先「そんなことをしたら……（真剣な表情）、酷い目に遭わせますよ？（満面の笑み）」

子「先生。今日も宿題を忘れました！」
先「『怒ってくれ』という合図かな？（満面の笑み）」

子「先生は、もうオッサンじゃないですか」
先「もういっぺん言ってみろ（満面の笑み）」

どぎつい言葉であればあるほど、満面の笑みは効果的である。言葉と表情にギャップがあることで、笑いが起こるからである。

それでいて、教師の本音も子どもたちに伝わる。
まさに一石二鳥である。

2 極端に大袈裟に表現する

どんな出来事も、極端に大袈裟に表現すると、馬鹿馬鹿しく感じるものだ。子どもたちを叱る前段で、この「極端に大袈裟に表現する」を駆使し、カラッとした指導を心がけたい。
私が教室で普段使っている大袈裟表現を紹介する。

先「さきほど太郎くんは、廊下を時速二百キロメートルで走っていた訳ですが」
子「はやっ！（笑）」
先「あまりの速さに、廊下が悲鳴をあげていました」
子（笑）
先「あまりの速さに、煙が立ち込めていました」
子（笑）
先「先生、思わず、咳込んでしまいました」
子（笑）
先「ゴホゴホ」
子（笑）
先「それだけ、廊下を走る行為は危険なんです。ぶつかって誰かに怪我をさせてしまったら、どうするんだ！……と、廊下が嘆いていました」
子（爆笑）
先「まぁ、そういう日もあるよ、気にするな。……と、廊下を慰めておきました」
子（笑）
先「太郎くん。これからは、廊下を時速一ミリメートルで歩くんだよ」
子「おそっ！（笑）」
先「今のは、冗談だけど、廊下は、ゆっくり歩くくらいでちょうどいいんだよ。怪我をしてからでは、遅いのだからね」

あるいは、このような言い回しも使える。

先「このことについては、先生、昨日から一万回以上、注意してると思うんだけど」
子「言い過ぎです（笑）」
先「今のが、一万一回目です」
子（笑）

極端に大袈裟に表現する手法。是非実践してみてほしい。

10 笑いを取りつつ子どもの心に深く届く注意の事例

木村　雄介

学校で「廊下を走るな」という注意を聞かない日はないのではないだろうか。教師が疲れて、注意しなくなると学校全体の荒れにもつながる。そういった時にユーモアのある注意をすると教師も子どもも笑顔になれる。

1 廊下移動のユーモアある注意

廊下を走ると危ないことを伝えられれば良い。廊下を走るなということは、代替行動を示していないので、注意としてはアマである。せめて「廊下は歩きなさい」と言いたいものである。しかし、こればかりでは芸がない。以下事例を示す。

①オリンピック選手を目指しているんですか？ 運動場で鍛えてください。

真面目な子でも思わず吹き出してしまう。子どもの走っている意識を切るのに有効である。これは、その子の好きなスポーツに合わせても良い。サッカー選手を目指す子には運動場で走ってくださいなどでも良い。

②スピード違反です。廊下交通法違反です。

笛を吹く真似をして、楽しくやると良い。先生、廊下交通法って何ですかと聞いてきたらこちらのものである。自然と子どもは立ち止まってしまうのである。

③ちょっといい？ 歩いてね。

あまり関わりのない学年を注意する時に使うと良い。ニコニコして呼びかけることで足を自然と止めることになる。信頼関係ができていない子どもへいきなり注意することで軋轢を生むこともある。が、この先生は注意しないと思われるのも良くない。このようなユーモアでかわす余裕があると良い。

④どこまで行きますか？ 目的地は逃げませんよ。

マスコミのインタビューアー風に聞くと良い。場所を子どもが言ってきたら、「図書室は逃げませんよ」などと言ってあげると良い。これは、自分で気づかせるのが狙いである。真面目な子などに言うと効果的な方法である。

⑤インタビューです。廊下を走った感想は？

ダメなことをしていることに対して感想を聞くと面白い。大抵の子どもは、「すみません」と謝ることが多い。ただし、やんちゃな子などからは「気分がいいです」などと返ってくることもある。この場合はさらにこちらが上をいく答えを用意しておく必要がある。「このまま職員室へお願いします。お話ししたいことがあります」と言うと、「すみません」とここで言う場合もある。

⑥カタツムリのように移動しなさい。

速度を落とすことを具体的にイメージさせるのに良い方法である。ただし、逆に遅すぎてしまうこともあるので注意して使う必要がある。

2 ユーモアによって気づかせる

以上の例示は全て教師が注意するのではなく、子ども自身に気づかせるようなものとなっている。教師自身がずっと注意していると、とてもしんどい気持ちになる。真面目にルールを守らせようとすると本当に休まることはない。そういった時にユーモアのある注意はとても有効である。

また、他の学年だからと、注意せず見逃してしまっていることはないだろうか。他の学年の子へ注意して反発されるととても面倒であるが、ここで見逃していると、自然と「あの先生は廊下を走っていても注意しないぞ」ということを子どもたちは学んでいく。こうなると厄介である。

もしかしたら来年は、その学年を自分が持つかもしれない。そうなった時に、注意しない先生だと認識されてしまっていたらどうなるだろうか。子どもたちを統率することは難しいだろう。そこでユーモアを使う。反発を招く可能性が低く、先生は「見逃しませんよ」というアピールにもなる。

ただし、大切なのは、

自分のキャラに合ったものを採用することである。

スベってしまうと、子どもの心には届かないからである。

11 受ける教室グッズ

秋山　良介

1 王冠

白の四つ切画用紙一枚から、二つの王冠を作ることができる（下の図のように点線を切る）。

画用紙を細長く等分に二つに切る。

王冠に似せるため、ギザギザに切る。

マジックで星、ハート、ひし形などの模様を描く。新たに飾りを貼り付けてもいい。色を塗る。

画用紙を丸める。

端を輪ゴムが通るように折って、ホッチキスで止めると完成（下の写真参照）。

四つ切の画用紙を四等分して、台紙を作ると、より頑丈になる。

以下のような時に使える。

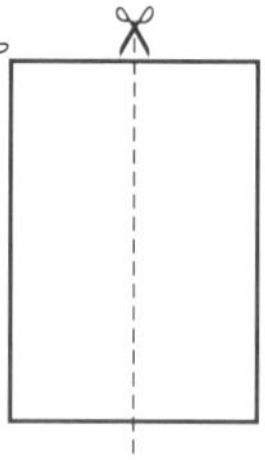

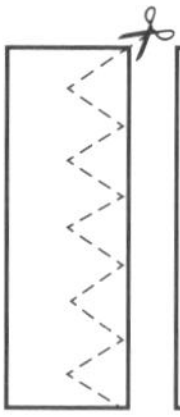

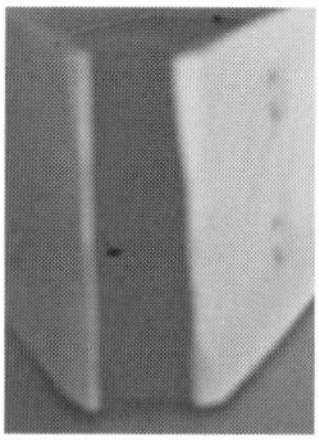

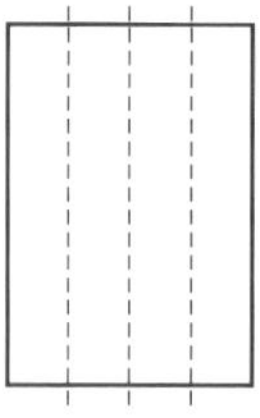

レクリエーションで鬼になった児童にかぶせるのに使う。

ハッピーバースデーの歌を歌う時、誕生日の子にかぶせる。

特別な時しかかぶれないので、かぶった子どもは嬉しそうにしていた。

レクリエーションをする時だけではなく、図工の時間に作品として作成することもおすすめだ。

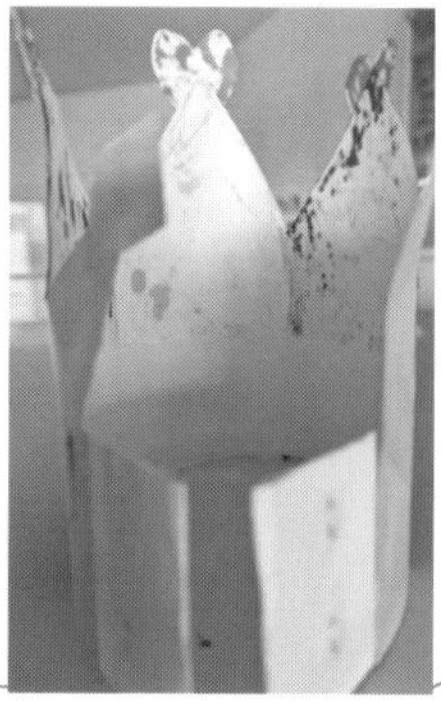

2 鬼の面

高橋久樹氏から教えていただいた。

鬼の面は、節分の豆の付属で付いているものでも、百均のものでも何でも良い。

節分の日の前後に行う実践。

朝の職員会議から教師が教室に戻ってくる。子どもたちは読書をして過ごしている。教室は静か。そんな中、教師が鬼の面をかぶって、教室の後ろから、

「悪い子は、いねぇかー!」

と言いながら突然入る。

朝の会でなくても、二時間目と三時間目の間の休み時間や、昼休みにしても面白いだろう。

二時間目の授業を二分ほど前に切り上げる。

急いで職員室へ行き、鬼の面をかぶって教室へ。子どもたちの前に現れて驚かせるのもいいかもしれない。

3 着ぐるみ

着ぐるみは、アニメのキャラクター、宇宙人、恐竜など様々なものが売っている。

三千円程度で買える物から、高い物は二万円を超える物までいろんな物がある。

私は運動会で着ぐるみを着た。

子どもたちには好評で、

「誰かと思ったけど、面白かったよ。」

と声をかけてもらった。

先生方からも好評だった。

4 カオマル

検索すると、様々な色、表情のカオマルがヒットする。

野菜や果物からデザインされたカオマルもある。

握った感触もいい。

握り方によって、顔の表情が変わる。

ストレス解消にもなり、笑いも起こる。

受ける教室の必須アイテムだ。

参考資料：『むずかしい学級の空気をかえる楽級経営』松下隼司著（東洋館出版社）

5 お楽しみ会で仮装

お楽しみ会をして、その時間だけ仮装をする。

普段の服でお楽しみ会に参加してもいいし、仮装してもいいことにする。

ドラキュラ、お姫様、自分のお気に入りの服などいろんな恰好をしてお楽しみ会を楽しむ児童がいた。

服が違うだけでも、普段の教室とは別の空間になって、お楽しみ会がもっと楽しくなる。

仮装を準備するには、保護者の協力が必要になってくる。

他の先生方やクラスの手前もある。なかなか実践しにくいことだろう。

不安なら管理職や学年の先生方の許可を取ってから実践する。

12 すぐできる教師のミニマジック

高橋　久樹

マジックで、「笑い?」と一瞬思われるかもしれない。しかし、マジックにおいても「笑い」の要素はとても大切である。なぜか?それは緊張をほぐす役割があるからだ。マジックを真面目に見続けると疲れる。そんな中、お笑いのマジックが入ることで、見ている側もストレスが減るのである。これは教室でも同じである。真面目な中に、マジックが入ることで、子どもたちは息抜きができる。敢えて、今回はその中でもギャグマジックをご紹介する。

所要時間(二分)　準備時間(三分)　練習時間(五分)

❶実演

※下のQRコードを読み込めば、実演動画を見ることができる。

①一枚の紙を出す(封筒を出す)。

②「ここに予言が書かれた紙があります。」

③「A君、右手と左手、どちらか選んでください。」

④左手が選ばれたとする。

⑤「左手ですね。今なら変えることもできるけど、いいですか?」

⑥A君は変えず左手を選んだとする。

⑦「分かりました。ここに左手が描かれていたら、凄いですよね。」

⑧「では、見てみましょう。」

⑨少し間をおいて……紙を開く。

⑩「じゃん!左手が描かれています!」

⑪手の絵が描かれた紙を見せる。

⑫「すごいでしょう!当たりました!」

⑬子どもたちから「右手でも同じじゃん!」とクレームや笑いが来る。

⑭「いや、本当に左手だ!し、し、信じていないいな!」と言って、片方の手を開き(左手)と書かれている文字を見せる。

⑮「先生は本当に予言していたのです。」

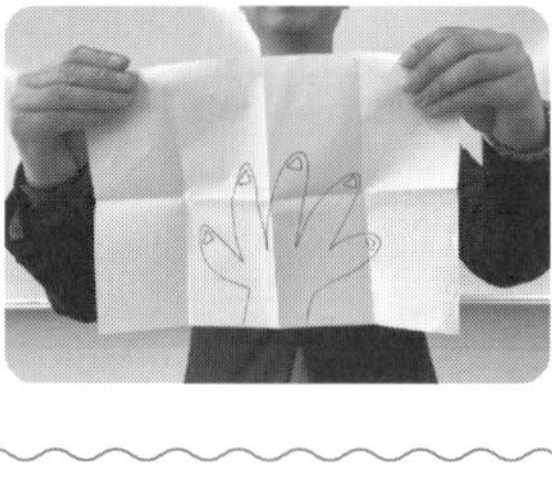

と言って偉そうに胸を張って終わる。

2 タネの解説

※下のＱＲコードを読み込めば、解説動画を見ることができる。

このマジックのタネは、画像を見れば一目瞭然であろう。紙の真ん中に手のイラストを描いておく。そして紙の両側に「右手」「左手」の文字を書いておき、両手で隠す。はじめは、いずれを選ばれたとしても、紙を開いて「これは左（右）手だ！」と言い張る。子どものツッコミが出たところで、片方の手を開いて文字を見せ、予言が当たったように見せる。

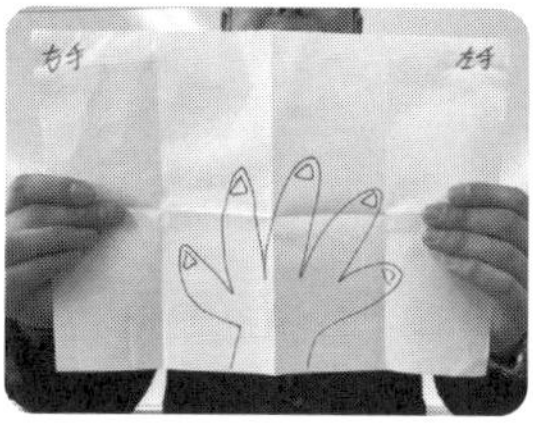

★ポイント①

このマジックのポイントは、はじめは淡々とシリアスに進め、イラストの予言を開いた時点で、すっとぼけるように「な、な、何を言っているんだ。これは正真正銘、左手だ！」と焦りながらセリフを言うところにある。その後、胸を張ることで「してやったり感」を出す。子どもたちから「悔しい。」「（良い意味で）腹立つ～！」「何か怪しい。」と声が上がるように演出する。

★ポイント②

このマジックは、これで終わっても良いのだが、最後に「先生、反対の手が怪しい。それ開いて見せて。」という声が上がることが多い。あるいは、教師側からわざとでも良いので、もう一度、紙を閉じて最初からやってあげると良い。次は「右手」となるので、先程と同じように進めて「先生は、予言をしていました！そう右手です！」と言って先程と反対の手を開いて見せる。「やっぱり！」「ズルーい！」と笑いが起こる。教師も半笑いしながら行う。また「え？右手？今なら変えられますよ！変えられますよ！」とわざと大げさにリアクションをすると一層笑いが起きる。このマジックは、タネをあかしても問題ないネタである。是非、笑いの一助にしてもらいたい。

3 マジックができるほど良い！

このようなギャグマジックでなくても教室でマジックを行うと、子どもたちは喜び、教室が笑顔で満ちあふれる。拙著『教室でマジック』（学芸みらい社）は学級経営を意識して、実践してきた簡単手品を紹介している。是非、ご覧いただきたい。

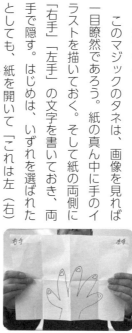

13 子どもが帰宅後も思い出し笑いするネタ

橋詰 知志

十年ほど前、担任していたクラスの子どもから教えてもらったネタを紹介する。

1 かめはめ……

クラスで行った学期末のお楽しみ会。そこで、真面目だと思っていた子が、一発芸に立候補した。一発芸に立候補すること自体びっくりしたのだが、この日一番の大爆笑を誘ったネタだった。それ以来、このネタを自分でもやらせてもらうようになった。

ドラゴンボールというアニメの、主人公孫悟空のかめはめ波のシーンをイメージしていただきたい。

かーめーはーめー（本気でかめはめ波を打つ気持ちで力を込めて、ポーズをとる）

この時に、ぶ〜〜んなど、自分の口で効果音を出すと、見ている子どもたちの期待感が増す。そして、もういいかなぁ……というところで、力を抜いて、思いっきりとぼけた感じで、

歯〜〜!!

と、自分の前歯を指す。

お楽しみ会などで、私も一発芸に参加した時に、ほぼ百パーセント披露するネタである。ほぼ百パーセント、大爆笑になる。

個人懇談会などで保護者が、

先生がお楽しみ会でやってくれた「かめはめは」、家でずっとやっているんです。

と、何度か話してくれたことがあった。低学年から高学年まで、笑ってくれたネタである。

2 教師自身の話

子どもたちは、教師自身の失敗談や体験談を聞くことが大好きである。その中で、担任している子どもたちと同じくら

いの時の話をすると、時として笑いを誘うことがある。

「先生が小学校一年生だった時の話です。先生は、学校のトイレに行くことがすごく嫌でした。もう、『大』なんて学校でできたものではありませんでした。

でも、人間ですから……どうしてもということがありました。先生は、人生最大のピンチを迎えてしまいました……。」

子どもたちは、身を乗り出して聞いていた。

先生と同じ経験をしたことがある人？

手を挙げる子どもは少なくなかった。

先生はどうしたと思いますか？

子どもたちは、口々に、がまんした、結局学校のトイレに行った、漏らしたなどと言っている。

担任の先生に、忘れ物をしたので、家に取りに帰りますと言って、トイレのためだけに帰りました。すっきりしたので、おやつを食べてから学校に戻りました。

当時、自宅は道を挟んで学校の目の前だった。そして、忘れ物をしたら家に取りに帰ることが許された時代だった。

このような話も、子どもたちは家に帰ると、保護者や兄弟と共有するようだ。保護者から、

先生、可愛い子どもさんだったんですね。
主人もそんなことあったらしいですよ。

と、後日感想をいただいた。

私自身、子どもたちの喜びそうなネタを持っているわけではない。しかし、子どもたちが共感したり、同じことで困っていたりする体験談を、ちょっとした笑い話として話すことはできると思っている。

教師が失敗談を話すことで、子どもたちは教師に対して親近感を持つようになる。話すことができる失敗談は、是非話していただきたい。

14 子どもの笑い声あふれる遊び

宮 まさと

子どもたちに、人気ダントツの遊びを二つ紹介する。

1 あべこべQA

質問と答えをあべこべに組み合わせ、質問に対して偶然できた無茶苦茶な答えを楽しむゲームである。

手順は次の通りである。

①紙を配る。
②質問（悩みでも良い）を書かせる。
③先生が回収する。
④別の紙を配る。
⑤さっき自分が書いた質問に対する答えを書かせる。
⑥先生が答えを回収する。
⑦質問の束と答えの束の順番をそれぞれ変える。
⑧質問と答えを読み上げていく。

具体的な指示や流れは次の通りである。

「今から紙（A４半分程度）を配ります。」

「何でもいいので悩みを書きなさい。」

『最近体重が増えてきてヤバいです』とか『最近計算ミスが多くて心配です』とかで良いです。

「ウソでもいいです。」

（子どもたちにQを書かせる）

「回収します。」（折らない）

「次に、何でもいいからさっきの悩みに対するアドバイスを書きます。」

「たとえばさっきの体重に対してであれば、『運動すればいいよ!ファイト～』とか『しっかりと見直しをしよう!』などで良いです。」

（Aを書かせる）

「回収します。」（折らない）

（QとAは別々に確保しておき、それぞれをよく混ぜる）

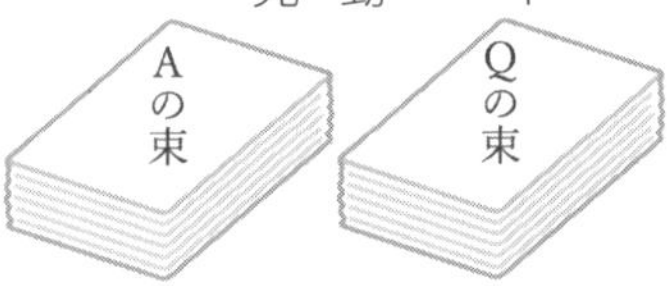

「これからQを読んだ後、Aを読みます。」

あとは読み続けるだけで爆笑となる。

次のようなものが読まれた。

Q「勉強が難しくてみんなに追いつけません。」
A「スイッチを押してみよう！」
Q「最近おならがめちゃくちゃ出て困ります。」
A「とりあえず、祝っとこっ！」
Q「成績がこわいです。」
A「入れ歯をつけておこう！」
Q「足がくさいです。」
A「お坊さんに聞いてみよう！」
Q「暑すぎて困っています。」
A「髪の毛を切るといいよ！」（合うとオーとなる）
Q「背が伸びません。」
A「家で大きな声でアンパーンチと叫んでみよう。」

このように、偶然できた無茶苦茶な答えが面白い。

2 にらめっこ大会

学級全員で勝ち残り戦のにらめっこをして、優勝者を決めるというシンプルなゲームである。

手順は次の通りである（班の人数は四人とする）。

①自分の席の隣の人とにらめっこをする。
②隣の人に勝った人は、自分の班の勝った人同士でにらめっこをする。ここで勝った人が、班で優勝となる。
③班で優勝した人は、隣の班で優勝した人と、にらめっこをする。「一・二班」「三・四班」「五・六班」でそれぞれ対戦する。
④勝った三人がにらめっこをする。これが決勝戦となる（負けた人は、審判か応援にすると良い）。

決勝は周りの子どもたちが見ている状況になる。やんちゃな子が活躍する。子どもたちは大爆笑。

実はこのゲーム、お楽しみ会の出し物として、子どもたちが考えたものである。

私は、前記にあるようなゲームを月曜日の朝の会の後や隙間時間に行っていた。

様々な友達と一緒に笑う時間、楽しいという気持ちを共有する時間を継続して体感させ続けた。

すると子どもたちが自ら主体的にゲームをやろうとする。教室に子どもたちの笑い声があふれるようになった。

コツは、子どもたちが、もう少しやりたいと思っているところで終えることである。

15 怖い話でも笑わせる！

村野　聡

子どもたちに時々怖い話をする先生はいると思う。

私も若い頃はよくやった。

しかし、「先生が怖い話をするから学校に行きたくない」と苦情が来てからはほぼやめている。

確かに、怖い話が好きな子にはいいが、嫌いな子にまで強制的に聞かせることは問題である。

そこで、ここでは「怖い話」と見せかけて、実はオチがあって笑いを取れる「怖い話」を紹介する。なお、元ネタは不明である。

怖い話①

これから**「悪魔の人形」**の話をします。

ある女の子が誰もいないはずの部屋の扉をそっと開けました。

暗いその部屋の真ん中に椅子が一つありました。

よく見ると椅子の上に何かが置いてあります。

女の子はそっと椅子に近づいて、その何かを見ながら言いました。

「あっ！くま（熊）の人形♪あ・く・まの人形。」

悪魔の人形の話でした。

怖い話②

これから**「恐怖のみそ汁」**の話をします。

ある森の中の小屋におばあさんが住んでいました。

おばあさんは何かをグツグツ煮込んでいます。

何か食べ物を作っているようです。

部屋のテーブルには男の子が座っていました。

男の子が言いました。

「おばあさん、何作っているの？」

おばあさんは言いました。

「みそ汁だよ。」

男の子が、

「今日は何のみそ汁だろう？」

と嬉しそうに言いました。

おばあさんはお椀にみそ汁を入れて男の子に差し出しながら言いました。

「今日、麩（ふ）のみそ汁♪きょう・ふのみそ汁。」

恐怖のみそ汁の話でした。

怖い話③

これから**「悪の十字架」**の話をします。

日本は戦争に負けて食糧難に陥っていました。

朝早くからたくさんの人がお店の前に並んでいます。

そのお店でこれから食料の配給があるのです。

ドンッドンッ！

なかなか開かないお店に苛立って戸を叩く人もいます。

「まだ、店は開かないのか！」

ドンッドンッ！

「おい！この店、開くの十時か♪あくの・じゅうじか。」

悪の十字架の話でした。

怖い話④

これから**「呪いのカメ」**の話をします。

うさぎははやい。

「のろいのー、カメ♪のろいの・かめ」

以上、ダジャレ系の「怖い話」を紹介した。

これ以外にも、私がよくやったネタを紹介する。

怖い話⑤

これは先生の体験談です。

先生は親友の安藤くんと一緒に海で遊ぶことにしました。

夜のうちに東京を車で出て、海岸近くの駐車場で一泊することにしました。

深夜の一時頃に駐車場に着いて、さあ寝ようとしていると、一台の車が駐車場に入ってきました。

その車から四人の家族らしき人たちが降りてきました。お父さんとお母さんのような大人と小学生くらいの男女の子どもでした。

こんな深夜に、こんな駐車場で何しているのだろうと思って見ていました。気持ちが悪かったのは、子ども二人は嬉しそうに駐車場を走り回っているのに、一言も声を出さなかったことです。

そのうちに、子ども二人が先生の車の方に近づいてきました。

先生は少し怖くなって、安藤くんを起こそうとしました。

その時……

ここまで語ったところで、

「誰だ！そこにいるのは！」

と大きい声を出して、教室の後ろを指さす。

子どもたちはびっくりする。

そして、次に教室は笑いにつつまれる。

16 笑いが止まらない教室ゲーム

山本 東矢

失敗が面白い、めちゃくちゃ笑いが出る鉄板ゲームを紹介する。笑いが起こらなかったことがない。

1 ミャンマーゲーム

「ミャンマー」と言う回数を増やしていき、言い間違いが生まれたら負けというゲーム。単純だが、とても盛り上がる。「あぶりカルビ」の回数を増やすのでもいい。

全体の前で勝ち抜き戦を演出するとより盛り上がる。

2 好きですか嫌いですか

「トイレ」「ヘビ」などのテーマを決めて、質問をするゲーム。「それがなくても大丈夫ですか。」「食べられますか。」「家にいますか。」などの質問をする。

前に座る子どもが「はい」か「いいえ」で答えるが、例えば、「トイレ」のお題で「家にありますか。」の質問に「いいえ」と答えると大爆笑となる。

これは、笑われても大丈夫な子を前に座らせる必要がある。立候補じゃんけんで決めるのがいい。

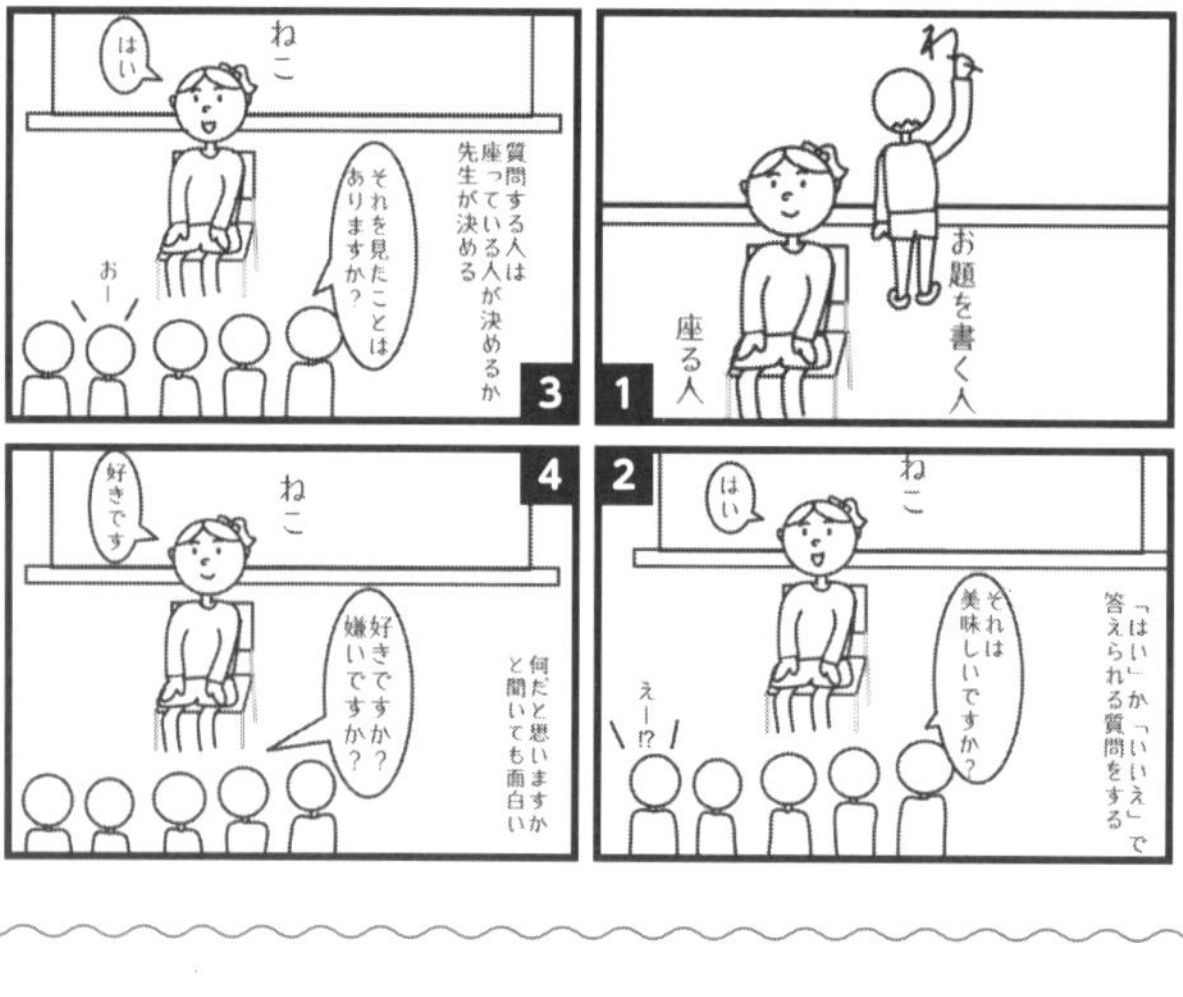

3 無音ゲーム

ただ、時間をはかり、静かにしている時間を記録するだけのゲーム。それだけだが、声や音がすると「あー」という笑いが起こる。

このゲームの醍醐味は「静かにするのだが、動いてもいい」ということだ。子どもたちは寝たり、歩いたりする。

何回かすると子どももうまくなっていく。その時は、先生が変なダンスを踊ったり、お尻をふりふりしたりする。すると、子どもの笑い声が聞こえて、「アウト」となる。

子どもたちは「先生ずるーい！」となるが、それも楽しむ。先生が激しい動きをすればするほど盛り上がる。

4 落ちた落ちた改

落ちた落ちた改では、いろいろなものが落ちるようにする。

「トイレの花子さん」「キャー」と言いながら、顔を隠す。

「ガラス」横に跳ぶ。

「お金」上に跳んで、キャッチする。

「ゴミ」拾うそぶりをする。

「神様」「ハハー」とお祈りをする。

などだ。子どもは面白がってする。このゲームは、四年生までが特に盛り上がる。

ゲームは予期せぬ失敗が楽しい。笑顔になる。失敗を楽しもう。相手を馬鹿にしない、いい笑いを楽しもう。

参考資料：『山本東矢の仲間づくり学級ゲーム50』山本東矢著（学芸みらい社）

1　元芸人先生のプロの芸人のお笑いテクニック大公開

高橋　良

断言しよう。お笑いの腕は努力で高められる。
大事なことは、笑いの手法をどれだけ知っているかだ。

1 天丼

「天丼」とは、一度ウケた言葉を、再登場させることで笑いを取る手法である。例えば、次のように使う。

先「太郎くんの好きな食べ物は？」
太郎「カレー！」
先「次郎くんは？」
次郎「ラーメン！」
先「三郎くんは？」
三郎「なめこ！」
先「なめこって！（笑）それ、ただの具材でしょ」
全員（爆笑）
（他の子にも一通り話をふってから）
先「で、三郎くんの好きな食べ物は？」
三郎「なめこ！」
全員（爆笑）

「天丼」のニュアンスを理解できただろうか。
他に、次のような使い方もある。

子「先生。その腕時計、おしゃれですね」
先「先生から腕時計を取ったら何も残らないからね」
子「悲しいこと言わないでくださいよ！」
全員（爆笑）
（しばらく、他のやりとりがあってから）
子「先生の授業、分かりやすいです」
先「先生から授業を取ったら何も残らないからね」
子「だから、悲しいこと言わないでくださいよ！」
全員（爆笑）

あるいは、次のような使い方もある。

太郎「おい次郎！うるせーよ！」
先「あのー、すみません。暴力団の方ですか？」
全員（爆笑）
（しばらく、他のやりとりがあってから）

太郎「おい三郎！ふざけんじゃねーよ！」
先「やっぱり、暴力団の方ですか？」
全員（爆笑）
　先「当店、暴力団の方はお断りいただいています」
全員（爆笑）

2 人工的落差

「人工的落差」とは、リアクションをする前に、小芝居を挟むことで、自らのリアクションを引き立たせる手法である。

例えば、次のように使う。

子「先生。このぞうきん、超臭いですよ！」
先「そんな臭い訳ないでしょ」
子「じゃあ、嗅いでみてください（ぞうきんを渡す）」
先「（ぞうきんを手に取って）
　ほら。見るからに臭くなさそうだよ」
子「いいから嗅いでください」
先「どれどれ…臭っ！！！！」
全員（爆笑）
先「おえええええ！！！」
全員（大爆笑）

先「誰だ！臭くないって言ったのは！」
子「先生です！」
全員（爆笑）

子どもたちにリアクションを求められている場面であれば、気軽に使える手法である。他にも、次のような場面で使える。

（掃除の時間。机運びをしている子どもたち）
子「先生。〇〇〇君の机、超重いですよ！」
先「そんな重い訳ないでしょ」
子「本当ですよ！じゃあ、持ってみてください」
先「絶対重くないよ。しょせん小学生の机ですよ」
子「いいから持ってみてください」
先「どれどれ…重っ！！！！」
全員（爆笑）
先「何が入ってんだ、これ‼」
全員（爆笑）
先「誰だ！重くないって言ったのは！」
子「先生です！」
全員（爆笑）

様々なアレンジが可能である。是非、使ってほしい。

2 教師のブラックユーモア術

村野 聡

ブラックユーモアとは「皮肉の効いた冗談」程度に捉えておく。

ブラックユーモアは気を付けないと人権問題に関わってくるので十分に配慮しながら使っていただきたい。

子どもとの信頼関係を無視して言わない方が良いだろう。

とはいえ、教師のちょっとした気の利いたブラックユーモアは子どもたちを楽しませることができる。

向山洋一氏の有名なブラックユーモアがある。

教師とはいえ、授業で間違ったことを言ってしまうことがあるだろう。子どもがその間違いを指摘する。

それに対応する場面で次のように言うのだ。

先生は十年に一度だけ間違えることがあります。

これを言うと子どもたちから必ずツッコミが入る。

「先生、さっきも間違えた。」

「先生、昨日も間違えた。」

ここで教師は切り返す。

時が経つのははやいものですね。

子どもたちに笑顔があふれる。

このような、ユーモア術を身に付けたいものである。

向山氏のようなユーモアを応用すると良いだろう。

以下、私のブラックユーモア術を紹介する。

●第一話

教師が教室で突然子ども一人に声をかける。

「先生が一番好きな子を教えてあげるよ。」

その子は嬉しそうに、

「えっ！教えて、教えて。」

と言ってくるだろう。

そこで、その子だけに聞こえる声で話す体で、耳元にそっと伝えるのだ。

「君だよ。」

その子は、

「先生、何言ってんの!」

と驚くことが多い。

　しかし、教師は何も言わなかったような顔をしてとぼけておくといい。その子の様子に気が付いた子が、

「どうしたの?」

と続けて聞いてきたらしめたものである。

　これまでと同様に、

「先生が一番好きな子を教えてあげるよ。」

と話し、同じ目に合わせる(笑)。

　かなり子どもたちの反応が楽しいユーモア術である。

●第二話

　教室に入るなり教師が言う。

「こんにちは!」

　子どもが驚いて返事をしないのでもう一度言う。

「こんにちは!」

　子どもも少し乗って「こんにちは」と言う子が増える。

　教師はこの時に、別の教師になったつもりで子どもと接する。

　従って、歩き方や表情、声色まで全て別人として演技することになる。


「今日、村野先生はいないのか?」

　こう言うと、必ず調子に乗ってくる子がいる。

「村野先生はいないよ。」

　こう言ってくる。

「そうかあ。では今日は私が国語の授業をさせてもらうよ。」

　こう言って、そのまま授業をしていくのである。

　子どもたちは面白がって私の動きや発言を見つめる時間が過ぎる。もちろん、授業の中身はしっかりやっていく。

　ある程度、こんな体制で授業を進めるのだが、途中で突然、いつもの自分に戻す。声も表情も皆である。

　子どもたちからは、

「あれ?村野先生帰ってきた!」

と声が上がる。

「もっとやってよ!」

「村野先生じゃあつまらない!」

　こういう時に、教師は何も対応する必要はない。いつも通りに授業を進めるのである。

　授業の終わりの頃にはいつもの通りに戻っている。

　これもちょっとしたブラックユーモアである。

　子どもたちは何となく楽しい空気で学び続ける。

3 子どもが思わず笑っちゃう間のつくりかた

高橋 久樹

芸の世界で大事な要素の一つに「間」がある。
「間」とは、ある一定の時間間隔である。
この時間間隔を上手に使うことで、相手に向けた印象を大きく変えることができる。

間の取り方が上手な教師は授業でも子どもを惹きつけ、笑いも起こすことができる。

「間をおく」「間髪入れず」の二つの事例で紹介する。

その①「間をおく」

算数、面積の学習をしていたとする。
教師が例題の説明をし、答えを導いた。
ここで、教師が解答で平方を板書し忘れていたとする。
気づいた子どもが
「先生、平方が書いてありませんよ!」
と指摘することだろう。
この時、すぐに「あ、ごめん。忘れていた。」と修正をするのはもったいない。

「先生、平方が書いてありませんよ!」
「ん?」(板書を見る)
「……。」(五秒ほど板書を黙って見る)
「……。」(正面の子どもたちの方を振り向き、また五秒見る)
「……。」(また、五秒ほど板書を黙って見る)

すると、耐えられなくなった子どもから笑いが起きる。
もし起きなかったら、

ゆっくり黙って「2(平方)」を書いて、子どもたちの方を向き、黙ってうなずく。

このようにすると笑いが起きる。
すぐに直すのではなく、間をおくことで先生が失敗したことを全員が認知し、また教師がどのようにそれを繕うのかを待つ時間を楽しめるのである。

その② 「間髪入れず」

授業場面で板書をする際、教師が立って書いている時、このような場面に出くわしたことはないだろうか。

「先生、見えません！」

私はこのような時、間をおかず、板書を止め、

「え？見えない？ほらほら、ここ、ここ。先生、ここにいるよ。え？見えない？」

と、瞬時に笑顔で切り替えてボケる。

さらに、

「え？みんな見えない？先生、お化けじゃないよね。ちゃんと足も二本あるしね！」

と、間髪入れずに全体に同意を求めるようにしていく。

その子も、

「いや、いや、そうじゃなくて〜。」

と説明に入るだろう。もちろん、それを分かった上でやっていることは誰もが承知しているので、笑いが起こり、和やかな雰囲気になる。

気を付けたいのは、相手の子がやんちゃな子など、こういうボケを受け止められる子であるということ。間違っても繊細な子にはしてはいけない。

また別の事例として、社会科で教師が説明のために日本地図を板書したとする。状況によって、このような時、

「先生、下手な地図。」

と言う子が出てくることがある。この時も、

「先生、下手な……。」

と聞こえた瞬間、言葉をかぶせるように、

「めっっちゃ上手やろ！」

と入れると笑いが起こりやすいのである。

特別な言葉ではなく、瞬時に切り返したり、何も言わない時間を持ったりすることで笑いを起こすことができる。

上手な漫才師は、間の使い方が上手である。

例えば、「かまいたち」「和牛」の漫才動画を、間を意識して見てもらいたい。

4 子どもを笑わせる教師の動き（パフォーマンス）

木村 雄介

子どもを笑わせるためにはリアクションを大きめにすると良い。教師が一番驚いたり、はしゃいだりすることで子どもたちも自然と笑うようになる。

1 衝撃のパフォーマンス『おべんとうばこのうた』

『おべんとうばこのうた』という手遊び歌がある。みなさんはどのようにするだろうか。

通常は、真似しますと言って、笑顔でやるくらいだろうか。バージョンを変えるとメチャクチャ盛り上がることをTOSS大阪みおつくしの中谷康博氏に教えてもらった。次のように行う。

①真似しますと言って、おべんとうばこのうたをする。
②次はありさんのおべんとうばこです、と言って小さいおべんとうばこを作る。声も小さくすると良い。
③次はぞうさんのおべんとうばこを作ります、と言って

体全体を使って、大きなおべんとうばこのうたをする。ポイントは髪の毛を振り乱すくらいのパフォーマンスでやることである。

ぞうさんのおべんとうばこのうたは、息切れするぐらいのオーバーリアクションでする。そうすると子どもたちはたちまち大爆笑となる。もう一回、ぞうさんのお弁当箱を作ってとアンコールが来るぐらいである。

大事なのは教師が恥ずかしがらないことだ。恥ずかしがっては、子どもたちは興ざめしてしまうからである。

また、結構体力を使うので気を付けてほしい。

2 スタンツ猛獣狩り

キャンプファイヤーのスタンツでは一気に子どもの心を掴む必要がある。そんな時に有効なのは猛獣狩りというゲームである。教師の動き次第でめちゃくちゃ盛り上がる。「真似します。」と言って次の動作をする。

先　ドンドコ、ドンドコ、ドンドコドン！（ももを叩く）
子　ドンドコ、ドンドコ、ドンドコドン！
先　ドンドコ、ドンドコ、ドンドコドン！

子　ドンドコ、ドンドコ、ドンドコドン！
先　猛獣狩りに行こうよ（右手をグーにして上に突き上る）
子　猛獣狩りに行こうよ
先　猛獣狩りに行こうよ
子　猛獣狩りに行こうよ
先　猛獣なんて怖くない（顔の前で右手を横にふる）
子　猛獣なんて怖くない
先　ヤリだって持ってるし（ヤリをかかげるまね）
子　ヤリだって持ってるし
先　鉄砲だって持っているし（鉄砲を撃つ真似）
子　鉄砲だって持ってるし
先　あ！（適当な方向を指さす）
子　あ！
先　あ！
子　あ！
先　あーーーーーーー！！
子　あーーーーーーー！！
先　○○○○！（動物の名前を言う）
先　○人組を作ります
（動物の名前の音数でグループを作らせる）

猛獣狩りのポイントは、何といっても教師のリアクションである。ハイテンションで、ノリノリのパフォーマンスをする。そうすると子どもたちもノリノリになる。

❸子どもを煽る

授業中、ちょっとダレてきたなあという時に有効なのは、子どもを煽ることである。例えば、音読をしている時、途中で声が小さくなってくる時がある。その時に、

もっと元気に読んで。違う、もっともっと元気に読んで。

というように子どもたちを煽ると楽しく読める。

他にも「楽しい」という単語が出てきたら、「もっと楽しそうに読んで。違う、もっともっと楽しそうに」や「怒る」という単語が出てきたら、「もっと怒って読んで。まだ優しい。もっともっと怒って読んで」というように子どもたちを煽るようにするとダレていた雰囲気は一瞬で吹き飛んでいく。子どもを煽るテクニックは、音楽で歌唱する時にも使える。

ただ、煽る時に大切なのは教師がメチャクチャ楽しく煽ることである。笑顔で言うことが大切である。真顔だと怒られているように感じる子もいるからである。

5 真面目過ぎる教師の自己改革法

橋詰 知志

教師を志す人は、真面目なタイプが多い。私もその一人であると思っている。少しだけ遊び心を持つだけで、「面白い先生」と言われるようになることができる。

1 憧れの先生の真似をする

十数年前、初めてTOSSの学習会に参加した時、ある先生のお話にくぎ付けになった。特別面白いことを話しているわけではない。しかし、講座中、参加者の爆笑が何度も起こった。何度も講座に通い、その先生の話に耳を傾けた。講座の内容よりも、A先生の話術が私にとって大きな学びとなった。

①話の間の取り方
②どのタイミングで参加者に話を振ったり、いじったりするか
③声の強弱や緩急

当時の受講ノートには、A先生について次のように記してあった。

みなさん、お疲れですか？（少し優しい声で）そりゃそうですよ。新学期が始まって一週間。本当にみなさん、よく来てくださいました。でもね……（全体を見渡して）私の方が疲れていると思いますよ！（大きな声で）講座をしなきゃいけないんですから!!（参加者爆笑）

何気ないやり取りであるが、自然と笑いが起きた。教室でも、間の取り方などに気を付けて話すようになった。

2 自分のキャラを忘れてみる

若い頃、子どもたちや同僚に、当時流行っていた漫才コンビの人に似ていると言われた。言われた時は、その方たちのことを知らなかったし、興味も持たなかった。しかし、何度も「似ている」と言われると、さすがにその漫才コンビのことが気になってきた。新聞のテレビ欄から、そのコンビが出演することを知って、とりあえず見てみたら……。

似ている……と認めざるを得なかった。

そこで、その漫才コンビのネタを知り、とりあえず誰もい

ないところで練習してみた。

そして、クラスで、

「先生、やっぱり○○に似ているよな!」

とやんちゃ君が言った瞬間、ネタを披露してみた。すると……クラスは一瞬の静寂から、大爆笑になった。

今でもそうだが、私は自分のキャラを捨てきることがなかなかできない。恥ずかしさなどがあり、なかなか殻を破ることができなかった。この時は、清水の舞台から飛び降りる気持ちだった。

このことから、

人間その気になれば大抵のことはできる。

自分の殻を破ることで、新しい世界が見える。

自分に似ている人がいることは光栄なこと。


ということを学んだ。あれから十年以上経ち、その漫才コンビをテレビで観ることはあまりなくなったが、時には自分のキャラを壊すことの大切さを教えてもらったと感謝している。

3 常に笑顔で笑いやすい雰囲気を持つこと

どんなに面白いことを言ったりリアクションしたりしても、

教室の雰囲気

が笑いに反応できる状態でなければ、笑いは起こらない。若い頃は、これができておらず、私の表情は常に硬かったと思う。笑いが起きてほしいが、それをさせていなかったのは私自身だった。今では、少しだけ余裕ができたのかもしれない。

例えば、子どもが、授業中に教師の許可を得ず、水筒のお茶を飲みに行ったとする。この時、若い頃であれば、すぐに叱責していたと思う。今では、その子に向けて驚いたような困ったような表情を向ける。そうすると、周りの子どもたちが、私の顔を見てクスクス笑いだす。すると、水筒のところに行った子も、はっと約束事に気づき、やばいという顔をする。そこで一言、

喉乾いた人?あ、こんなにいるの?でも、ダメだよ。みんなで決めたことだからね。先生は飲むけど。あ、先生、一分間くらい後ろ向いていようかな。

という対応を取ることができるようになった。

6 インキャでも作れるお笑い文化

木村　雄介

インキャとは、性格的に暗いことを表す言葉である。どちらかというと私はインキャの部類である。しかし、職場や子どもたちからはヨウキャにカテゴライズされる。そのコツをお伝えする。

1 失敗ネタを話す

「暗すぎる。この兄ちゃん大丈夫か？」

TOSS大阪みおつくしのサークルに通い始めた時の私のサークルメンバーからの印象である。

しかし、勤務校で現在の私の印象を聞くと、ムードメーカーや盛り上げてくれる人という印象であった。

私がよくするのは、自分が失敗したエピソードを披露することである。失敗ネタは、相手を傷つけることもなく、ほっこりさせる。

例えば、姿勢が悪い子が多い時は次の話をする。

姿勢はとても重要です。それだけで一生の宝になります。例えば、みなさんがアルバイトを雇うとします。姿勢がいい人と悪い人どちらをとりますか。姿勢がいい人ですね。姿勢が悪いと印象も悪くなります。昔、姿勢が悪くてアルバイトの面接を十回も連続で落ちてしまった人がいます。実は私です。その後、姿勢を良くして面接に行ったらすぐに受かりました。姿勢が悪いとそれだけで人生が損です。せっかくのチャンスを掴めないのです。みなさんは、ぜひ今から直してください。

こういった自分の失敗のエピソードを話す時、子どもたちは真剣に聞くことが多い。アルバイトの面接で十回も連続で落ちるなんて経験はそうはない。失敗エピソードは教師と子どもの距離をぐっと縮めるのである。

その後、チャンスを掴むために姿勢を良くしようというフレーズを繰り返し使うととても効果的である。

2 教室に面白いアイテムを持ってくる

話術に自信がない人におススメなのは、面白いアイテムを持っていくことである。アイテムを持っていくだけで笑いが取れるのだからお手軽である。

以前、教え方セミナーで、奥清二郎氏が教室の貸し出し用のネームペンをノック式のネームペンにしていることを紹介していた。珍しいので子どもに大ウケだったことを披露していた。

そこで私もすぐに注文した。どうなったかというと同じように、「すげー、ネームペンがノック式や。」と子どもたちのリアクションが大きかった。

「木村先生のクラスは、ネームペンがノック式なんやで。」と隣のクラスにまで大ウケであった。おススメはマッキーのノック式である。

他に有効だったのは飛び出すおもちゃである。私は、フライドポテトが飛び出すおもちゃや黒ひげ危機一髪を教室に置いていた。

雨の日など、トランプなどのカードゲームもずっとだと飽きてくる。そこで飛び出すおもちゃを子どもと一緒にするのである。

特にインキャだとしても、ドキドキするゲームなので当たった時のリアクションが大きく、誰もがヨウキャになれる優れたアイテムである。

3 職員室には面白い差し入れ

職員室では、一日話さない人も出てくる。そこで私はお菓子を配ることでコミュニケーションを図っている。コツは、

いろんな駄菓子を大量に入れた紙袋を持ち歩いて、選んでもらうことである。

こうすると、自然と好きなお菓子を取る。そこで、すかさずどうしてそれを選んだのか聞くと自然に会話が盛り上がる。

当たり付きお菓子を配るのも面白い。当たり付きお菓子を箱買いして配る。それだけである。これが結構盛り上がる。なお、当たりが出た人には、もう一個あげる。仕事で険しい顔をしていた人が当たりましたと笑顔になる瞬間がまたほっこりする。

インキャなのに無理してヨウキャを目指すと疲れる。それよりも、手軽に笑いが取れるアイテムを知って、活用する方が精神衛生上良い。是非お試しいただきたい。

7 笑わせ上手になるための修行法

宮　まさと

笑わせ上手ということは、笑わせる技術が高いと言い換えられる。この「技術を高める」ための修行法は、概ねどの職業にも共通する定石がある。

> 1 質の高いお手本を何度もインプットする。
> 2 お手本を真似て何度もアウトプットする。

特に、技術職と言われる職業は、これに尽きる。美容師、医者、大工、料理人などが良い例である。

1 質の高いお手本を何度もインプットする

手段はたくさんある。書籍を読む、お笑い動画やライブを見る、サークルやセミナーに参加する、笑わせるのが上手な先生の授業参観をするなどだ。

どれも技術を高める効果があると思うが、人に会い実際に見せてもらうことが一番である。ライブに勝るものはない。さらに、アドバイスしてもらえるならば最高である。

ちなみに書籍であれば、おすすめの一冊がある。

『ウケる技術』水野敬也・小林昌平・山本周嗣著（新潮文庫）

笑いを「技術」にして体系化した、コミュニケーションの教科書である。

2 お手本を真似て何度もアウトプットする

> 何度もやってみなければ、技術は身に付かない。

自転車は見ているだけで乗ることができるようにはならない。何度も転び、繰り返すうちにできるようになる。

笑わせることも同じである。「ネタ」が面白いからといって、練習もせずに実演しても、失敗する可能性が高い。

さて、私がお手本を真似て何度もアウトプットしたことで、子どもたちを笑わせることができたネタを紹介する。

『A君の作文』というお話である。複数の書籍やネット上でも紹介されている。

> ある日、作文の宿題が出たので、お母さんに書き方を教えてもらうことにしました。

「お母さん。作文の書き方教えて～。」
お母さんは電話中だったので、めんどくさそうに
「あ・と・で♪」と言いました。
A君はお母さんが言った通り、
作文用紙に「あ・と・で♪」と書きました。
次にお父さんに聞いてみました。
「お父さん作文の書き方知ってる～？」
するとお父さんは自慢気に
「あったりまえじゃーん！」と言いました。
A君はお父さんが言った通り、
作文用紙に「あったりまえじゃーん！」と書きました。
次にお兄ちゃんに聞いてみました。
「お兄ちゃん作文の書き方教えて～！」
お兄ちゃんは彼女と電話中だったので、クールに
「おう！バイクで行くぜ！」と言いました。
A君はお兄ちゃんが言った通り、
作文用紙に「おう！バイクで行くぜ！」と書きました。
次の日。
先生はみんなが作文の宿題をしてきたか確認をしていました。そして、A君の番が回ってきました。

先「ではA君。作文を読んでください。」
A君は作文に書いてある通り読みました。
A君「あ・と・で♪」
先「ちょっと！A君！先生を馬鹿にしているんですか!?」
A君「あったりまえじゃーん！」
先「あとで職員室に来なさい！」
A君「おう！バイクで行くぜ！」

子どもたちは爆笑だった。「先生。バイクで行くぜ！の話またしてください。」とリクエストもあった。

これを、紙を見ずに子どもたちに言えるといい。完全コピーする必要はない。何度も読んでいると、自分の言葉で話せるようになってくる。これが笑わせ上手になるという一例である。

私の場合は、話が面白い先生の授業を何度も見る、話のキーワードを書き出す、紙を見て何度も声に出して読む、紙を見ずに読む、という手順で身に付けることが多かった。

また、笑わせ上手になるための大前提として、教師自身が日頃から笑っているということも大切である。

笑いも率先垂範である。

8 子どもから笑いを引き出す教師の顔芸

山本　東矢

非常に堅く、恥ずかしがり屋の人間である、私は。しかし、恥ずかしさを捨て、時に顔芸をすると子どもは喜ぶ。柔らかい人になるためにも、学期に一回はチャレンジしよう。

1 ウソ泣き（低学年から中学年）

子どもたちが話をあんまり聞いていない時がある。その時に使った技だ。

「ちゃんと先生の話を聞いてくれないから、先生、さみしい!!」

「うえーーーーん!!」

（手で顔を隠してする）

（大爆笑）

「う、う、うえーん、えん、えん、えん。」

（爆笑）

あんまり頻繁に使えないが、学期に一回ぐらいは使える。

※高学年ならば、ひかれるのでやらない（笑）。

2 書画カメラに顔を出す。

これは、書画カメラの前に手を出していて思いついた。思いつきで顔を出したら、子どもたち（一年生）は大爆笑だった。何回も「やってやって」と言われ、収拾がつかないほどになった。

自分がどんな顔をしているか分からないが、本原稿のために写真を撮ったら「まあ気持ち悪い」。これは子どもから笑われる。

3 変な眼鏡

運動会練習の時に変な眼鏡を使った。

「笑顔でやろうね。」と言いながらつける。すると子どもたちは大爆笑となった。

中学年で使用をしたが、かなり使えるアイテムだ。

「笑顔にしよう」と百回言うより、効果がある。

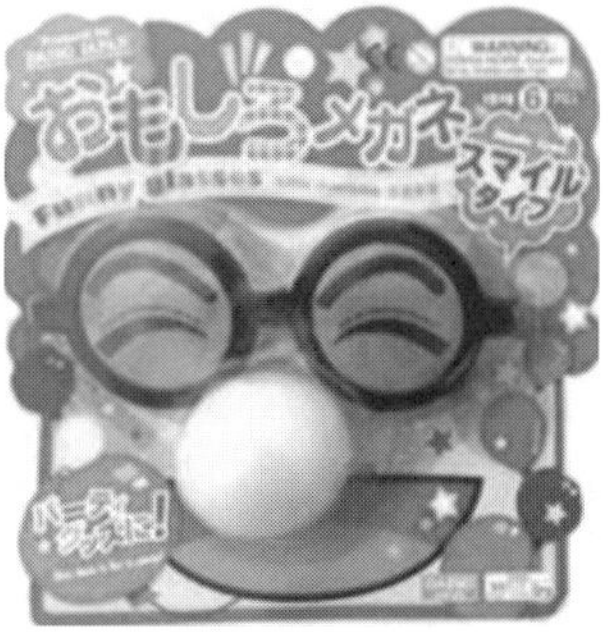

「ちゃんと手をびしっと伸ばして踊ろうね。まだまだできるよ、笑顔も忘れずにね。」と言いながら、眼鏡をかける。

子どもたちが大爆笑となる。

いつもしんどくて厳しい運動会の練習時の雰囲気がとても良くなる。おすすめである。

百均で売っていた。ドン・キホーテにもあるだろう。

4 お楽しみ会に使う面白いマスク

お楽しみ会の時に、何も言わずにこれをつけて教室に入る。子どもたちは大爆笑。

「先生は、盛り上がる時は盛り上がってくれるんだ」を示すことができる。

年に数回しかしないが。

一度これをするとお楽しみ会の時に「貸して」と言う子も出てくる。気前よく貸そう。クラスが盛り上がる。

これも百均で買った。

5 ちょっとふざけた顔の絵を描く

簡単な「にこちゃんマーク」の絵を描くことがある。

その「にこちゃんマーク」にふざけを入れる。

例えば、三本の毛を描く。

例えば、涙を描きたす。

例えば、髪の毛にハートを描きたす。

少しオーバーに描く。そうすると子どもたちは笑う。

二つの場面でよく使う。

一つ目は、上図のように全体にお知らせをする時。

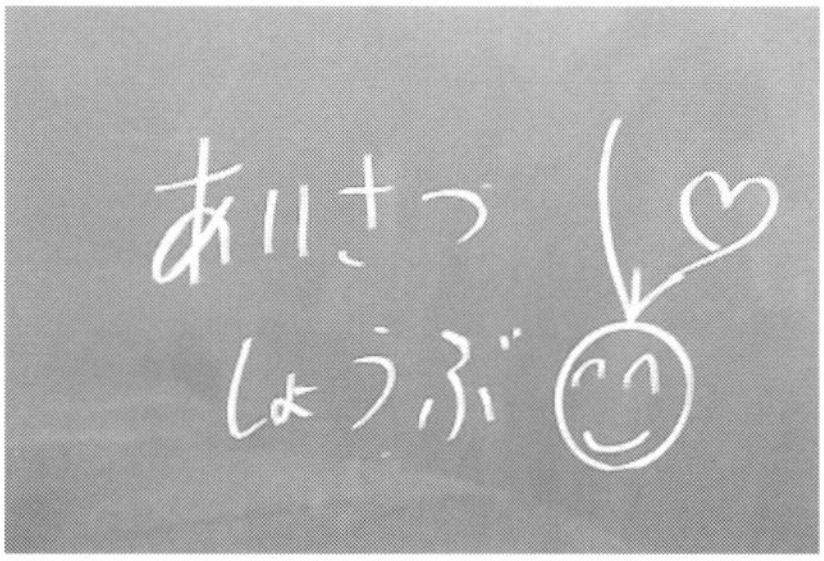

二つ目は、道徳の時間だ。棒人間を描いて、人間関係の様子を説明する時に使う。悲しんでいる人を表すのに涙を大量に描いた。

「多すぎちゃうん」などのツッコミが入る。

涙のつぶを顔より大きく描くのもいい。

「でかっ!!」とツッコミが入り、子どもは喜ぶ。

1 管理職も笑いを取れ！

木村　雄介

管理職が難しい顔でずっといるとそれだけで職員室は重苦しい雰囲気になる。人間関係の潤滑剤として笑いは有効である。しかし、諸刃の剣の部分もある。

1 無理した笑いはいらない

以前、人間関係にはユーモアがあることが大事だと書かれている本を読み、笑いを取ることを優先していた時期があった。根暗と言われることが多かった私は、何とか自分自身を変えたいと一生懸命になっていた。

努力の甲斐もあって、徐々に「木村さんは、面白い人ですね。」と言われることが多くなってきた。気を良くした私は、どんどん笑いを取ることに熱中していった。

自分でネタ帳を作り、面白いことを書き溜めることまでしていた。ただ会話の流れでその話題が来るとは限らない。

何かないかとテレビでお笑い番組を見て研究に研究を重ねた。そこで、明石家さんまやダウンタウンの番組を見て、相手をいじって笑いを取る姿を見て、『これだ。』と直感した。会話の流れを崩さず、なおかつ笑いが取れる。後にこれが大きな失敗となる。

相手をいじってどっとウケる。自分の発した言葉でみんなが笑ってくれる。気持ちの良いものである。私は調子に乗って、どんどん人をいじる行為がエスカレートしていった。

ある日、飲み会の席で、校長の朝会での話が長すぎると感じていたので、いじって笑いを取ろうとした。

「校長先生の話とかけて、公園とときます。その心はどちらも長い（長居）。」（大阪市に長居公園という大きな公園がある）と言った後、空気が冷たくなったと感じた。

校長は「なんでお前に馬鹿にされなあかんねん！」と怒鳴って途中で帰ってしまった。酔いもあって勢いで言ってしまったが、後の祭りである。

相手の捉え方によって、いじりは相手を馬鹿にしていると受け取られる可能性がある。

相手をいじることで笑いを取ることはかなり高度なテクニックである。素人が真似するものではない。人間関係においては諸刃の剣なのである。幸い、お酒の席ということで、何とか許してもらったが、無理をして笑いを取ることは人間関係を破壊してしまうことを痛感した。

2 上機嫌だと自然に笑う

いじることで怒られた失敗体験から、人間関係においては、ウケを狙って誰かを傷つける可能性があるのなら、凡庸な会話でも、実直に相手の話に耳を傾けて信頼を積み重ねていく方が良い結果になると考えを改めた。

相手をいじって笑いを取ることはやめることにした。お笑い芸人ではないので、無理をして笑いを取らなくても良いのだ。職場で今の私は暗いかというとそうでもないらしい。大切にしていることは、

自分が上機嫌で、出会った人には笑顔で話しかけるようにすることである。

ニコニコと相手の話を聞いていたら、相手もニコニコして返してくれることが多い。これは、ミラーニューロンという脳の働きで起こるそうだ。

上機嫌でいれば、自然に笑顔は生まれてくるものである。

無理に生み出す笑いでは、何とかウケなければと躍起になることで、結果として会話を楽しむ余裕がなくなる。

また、管理職が上機嫌でいると、問題が起きても相談しやすいので問題が小さいうちに解決することが多い。つまり、学校経営上、リスクを軽減する効果が高いのだ。

3 リアクションで笑いを取る

ニコニコしているだけは物足りないこともある。そこで、話を聞く時は、リアクションは大きくすると良い。

ニコニコしていても、無言で話を聞かれると話し手は、『自分の言ったことはつまらないのかな。』と不安になってしまう。相手の話に、うなずくこと、そして驚くこと。『あなたの話に興味があります。』とサインを送ることが大切である。

聞き上手な人を観察すると、「すごい!」を連呼している。しかし、言い方は内容によって全部違う。相手は気持ちよくなってつい話してしまうのである。

いじってウケる技術は素人が手を出すと火傷する。それよりも相手の話に「すごい!」と驚き、褒めることの方が人間関係においてはウケが良い。

2 研修講師でも笑いを取れ！

宮 まさと

「笑いを取る技術」を列挙する。

①とぼける
②フォローする
③持ち上げて落とす
④本音を言う

それぞれの具体的な場面を挙げる。

①とぼける

例：講座で発問をした直後に、答えが書いてある次のスライドを誤って出してしまった時

「何も見てないですよね（笑）。」

例：「どのようなことが考えられますか。」という発問に対して、受講者が答えられず、黙ってしまった時

「その通り！〇〇です。心の声が聞こえました（笑）。」

②フォローする

例：三年生を想定した模擬授業をしていたとする。

「どのようなことが考えられますか。」という発問に対して三年生では考えられないような答えが返ってきた時

「優秀な三年生ですね（笑）。」

例：「このことを知っている人？」という発問に対して、手を挙げた人が予想以上に少なかった時

「知ってなくても手を上げていいんですよ。バレませんから（笑）。」

③持ち上げて落とす

例：授業の雰囲気や流れを崩しかねないやんちゃな発言があった時

「すごい！十点です！……百点満点中ね（笑）。」

例：「今日の受講者の方はとても熱心ですね。表情からやる気を感じます。ここまでやる気に満ちた先生方はなかなかいないです。

……ということを、どの講座でも話しています（笑）。」

④本音を言う

例：講義の冒頭で

「本日はご参加ありがとうございます。大盛況につき、空席を除いて満席となっております（笑）。」

例：「感想をどうぞ」と聞くと、受講者が緊張しながらお手本のような感想を発表した場合

「無理して気を遣っていませんか（笑）。」

ただ、笑いが取れるかには、様々な条件が必要である。例えば、受講者の雰囲気がリラックスしていて、場が温まっていることなどである。

アイスブレイクや隣の人と短い会話をする場面を作るといいだろう。

また、当然のことながら笑いを取りに行くかどうかは、受講者によって異なる。

受講者には例えば次のようなケースがある。

①ベテランか若手か
②大人数か少人数か
③校外か校内か

笑いを取れる可能性が高いのはベテランより若手だろう。年上、ましてや管理職が多い場で笑いを取りに行くのは、明らかに危険である。

次に、人数は少人数の方が笑いを取れる可能性が高い。少人数の方が、受講者がアットホームな雰囲気になりやすく、リラックスさせやすいからだ。大人数になると、大勢を巻き込む技術も必要になる。

また、校外の講座より校内の講座の方が笑いを取れる可能性が高い。距離感が近く人間関係がある程度できているからである。

うまく笑いを取ることができたら、講座は大成功である。楽しいという感情と共に得た記憶は長く残るからだ。

しかし、失敗するリスクも当然ある。まずは、楽しい講座をたくさん受けてみると良い。笑いを取るコツが見えてくる。

3 笑いで和やかな空気感にする保護者会運営術

高橋　久樹

保護者会（学級懇談会）で一番困ること。それは「沈黙」である。保護者会前半で、和やかで話しやすい雰囲気を構築することが大切である。

1 アイスブレイクを活用する

アイスブレイクとは、初対面の人がいるなどして、緊張がある場面で、話し合うきっかけを作るための簡単なゲームやクイズである。保護者会では、保護者同士でも初対面という場合が多い。まずは楽しく名前を覚えてもらい、話し合いの土台を作りたい。そこでおすすめが、

「名前リレー」

である。保護者会ではイラストのような座席配置にすることが多い。教師から左回り（右回りでも可）で名前を言ってもらう。

一人目は簡単である。

「山本です。よろしくお願いします。」

二人目からは次のように言ってもらう。

「山本さんの隣の、木村です。よろしくお願いします。」

三人目。

「山本さんの隣の、木村さんの隣の、村野です。よろしくお願いします。」

四人目。

「山本さんの隣の、木村さんの隣の、村野さんの隣の、橋詰です。よろしくお願いします。」

という形で、前の人たちの名前を積み重ねて言ってもらう。

数人でも、時には隣の方の名前を言えなかったり、後半になると違う名前を言ってしまう失敗をしたりすることがある。失敗があっても、大人同士であるから笑いが起こったり、時には近くの方がこっそり耳打ちしたりして、盛り上がったりする。

保護者会で普通に自己紹介をしても、人数が多いとすぐには教師側も保護者の顔と名前を一致して覚えることが難しい。しかし、この方法を採ると、何度も順番に名前を聞くこ

とができるので覚えやすくなる。人数が多い時におすすめのアイスブレイクである。

失敗する保護者がいても、きちんとフォローを忘れないことや最後は教師もすることは言うまでもない。

2 エンカウンターを利用する

エンカウンターとは、素直にホンネを語り合い、それを互いに認め合う活動のことである。

保護者会で自己紹介をしていただいた後、三～四人で一組のグループに分かれてもらう（座席に合わせて教師が指示をするとスムーズ）。

じゃんけんで話す順番を決めてもらう。

話すお題は例えば次のようなものである。

A お小遣いは定額で渡す
B お小遣いはその都度渡す

二択から選んでもらい、その理由や金額、今後どうしたいかなどを話してもらう。話す時間は、一人一分。

話をしている間、他のメンバーは聞き役に徹する。

時間が来たら教師が「交代してください。」と告げ、途中でも交代してもらう。

四人班の場合は、四分間となる。

四人全員が終わったら、さらに二分ほど時間を取り、班で自由に話し合ってもらう。時間切れで言い足りなかった方の話や話を聞いた感想を述べ合う時間にする。

ここまでで終了である。「いかがでしたか？」と振ると、さらに感想が連なる。話し合いの中で笑いが起こることもある。また感想から「○○さんのお家のお話をさらに聞かせてください。」とつないで、保護者会の本題に入っていくこともできる。

ポイントは、事前に教師が用意するお題である。せっかくの保護者会である。保護者が他の保護者の考え方ややり方を知りたいと思う、保護者会の本題に迫る内容を提示したい。

また例に挙げた「お小遣い」であれば、「お小遣いは、いくらが妥当ですか？」と聞かれても、正直、教師側も答えようがなく困ることがある。このような家庭で考えてもらいたいようなテーマを持ってくると、教師側も情報をキャッチできるメリットがある。

ただしその地域の保護者の様子が分からない時は無理して行う必要性はない。

4 ギスギス職員室を和やかにするこのジョーク

高橋　良

職員室では、常にジョークを飛ばすべきである。
メリットは二つある。

①物事を深刻に捉え過ぎなくなる。
②職員間の人間関係が円滑になる。

ジョークは職員室の潤滑油である。

1 言いにくいことを伝える時

同僚に、言いにくいことを伝える時がある。
例えば、隣の学級の子どもが、何かをやらかしたとしよう。その子への指導は私がした。そのことを担任に報告しなければならない。やや気が引ける場面である。
このような時こそ、ジョークを飛ばしたい。
私は、次のように報告している。

私「○○先生。
悪いお知らせと、悪いお知らせがあるんですけど、どちらから聞きたいですか」
同僚「どっちも悪いお知らせじゃないですか！（笑）」

同僚との関係が構築されていれば、おすすめのジョークである。重苦しい雰囲気を避けることができる。

2 前置き

同僚にちょっとしたお願いをする時がある。この時に、私は、時々、ミスマッチな前置きをしている。

私「こんなこと言ったら怒ると思うんですけど、
学年便りを印刷してもらってもいいですか？」
同僚「別に、怒りませんよ（笑）」

私「こんなこと言ったら嫌われると思うんですけど、
穴あけパンチ貸してください」
同僚「なんで嫌いになるんですか（笑）」

緊張と緩和を駆使したジョークである。

3 目的意識を大袈裟に表現する

目的意識を大袈裟に表現すると、大抵のことはジョークに変換できる。

同僚「高橋先生。ワークシート、印刷してもらってもいいですか」
私「分かりました！」
同僚「忙しいところ、すみません」
私「いえ、このワークシートを印刷するために教員になったようなものですから」
同僚「そんな訳ないでしょ（笑）」

同僚「高橋先生。今日は、朝から挨拶運動の指導、ありがとうございました」
私「いえ、挨拶運動をするために生まれてきたような男ですから」
同僚「大袈裟過ぎます（笑）」
私「私から挨拶運動をとったら何も残りません」
同僚「なんて返したらいいんですか（笑）」

同僚「高橋先生。〇〇先生が本日お休みになったので、〇年〇組の補教をお願いしていいですか？」
私「分かりました」
同僚「お忙しいところ、すみません」
私「いえ、〇年〇組の補教に入ることを目標にここまで頑張ってきたんですから」
同僚「どんな目標ですか（笑）」
私「オラ、わくわくすっぞ！」
同僚「悟空みたいに言わないでください（笑）」

同僚「今日も〇〇くん、思い切り廊下を走っていましたね」
私「彼は、廊下を走るために入学した男ですからね」
同僚「どんな目的意識ですか（笑）」
私「廊下は友達です」
同僚「『ボールは友達』みたいに言わないでください（笑）」

教育現場は緊張の連続である。是非、緊張を打破するジョークを連発し、職員室を和やかにしていこう。

5 会議に「笑い」を入れる

山本 東矢

職員会議などの大きな会議では、笑いは意図して入れない。学年会議などの小さな会議や報告会、連絡会、研修会の発表者の場合は意図して笑いを入れる。使い分けよう。

1 漫画イラストを使っての笑い（職員に向けての発表会）

学年の成果や課題を発表する会が一年に一回ある。コンテンツを作ってしっかりと行う。こういう会では、誰かを指名したり、発表させたりする方法は使えない。ゆえに、活動的にはできない。シーンとなりやすい。

そういう時は笑いを入れる。

昔の漫画を入れて笑いを作ることが多い。

「このように、子どもたちはとってもよく頑張りました。ただ、まだまだ安心はできません。引き続き指導を続けていきます。」

見ている先生たちはクスクス笑っていた。

「なかなかうまくいかないことが多いです。でも、学年のメンバーから、『あわてなくてもいける』のようなことを言われたり、話を聞いてもらったりして、元気をいただいて何とかやっていけています。」

このようなセリフと共に、右のような画像を提示すると笑いが起こる。失笑の場合もあるが。

2 笑ってもらえるネタを取り入れる

学年会などの小さな会議で使う話題だが、話の中や終わる際に、以下のことを挟めそうなら挟む。

①自分のうまくいかなかった話をする

「『船長さんの命令ゲーム』を一年生の四月始めに使ったのですが、全くうまくいきませんでした。九割の子が引っかかって、難しかったのです。『落ちた落ちた』は成功したのですが難しいですねえ。」この話に落ちはないが、自分の失敗話を入れると和む。

また、会議で失敗ネタを同僚が言ったら「あっ、ぼくも同じようなことで失敗しました。」と言うようにしている。

②家族（妻）から怒られた話をする

「妻に一か月半、口を聞かれない事件がありました。二人目が生まれて大変な時の話です。僕の配慮が足りなかったのでしょうね。先生も気を付けてください。」

「おふろ洗いをしていて、洗剤を付けずに洗っていたら怒られました（笑）。」他にもたくさん怒られたことを話す。笑われるよりは、同情されることが多い。

③怪我をした話をする

「五本指の靴下を履いていて、健康にいいと思っていたのですが、足を角にぶつけた時に小指が『ぐぎっ』となって、小指が折れてしまいました。普通の靴下を履いていたら、そんなことがなかったかもしれないのに。それ以来、普通の靴下を履いています。」実話である（前の話二つももちろん実話）。

④趣味やお店の話をする

私は、毎日お酒を飲んでいるので、お酒の話をする。また、あの店はいいという話をするのも、先生たちは興味を持つ。

「駅前のあの店は、とてもいい雰囲気ですよ。」とか「あのステーキ屋さん、めちゃくちゃおいしいですよ。今度、学年打ち上げでいきましょう。」など。

笑うというよりは、笑顔になる話題の一つである。

3 普段の仕事は大丈夫でないと笑ってくれない

締め切り期限をきちんと守っているか。また、学級の子どもの事実は確かにあるか。

大人同士での笑いを作る時は、仕事がきちんとできていないと、ただただ引かれる。「そんな冗談ばかり言っているから仕事が回っていないんだ。」「そんなことを言う暇があったら仕事をしろ。」と思われる。

また、時間帯も気を付けよう。定時を過ぎて帰りたがっている人がいるのに、笑いを入れても「早く終わらないかなあ」と思われるだけである。

6 職員室を明るくするわざ

秋山 良介

職員室の雰囲気は暗いよりも、明るい方が良いに決まっている。明るい方が職員同士のコミュニケーションが取りやすくなって仕事も捗る。

1 お菓子で笑いを取る

① お菓子をいただいた時

職場でお菓子を箱や袋から一つずつ配る先生がいる。

その時に使えるネタである。


「ありがとうございます。

いやぁーー、困ったなぁ。食べきれるかなーー。」

と言いながら、箱や袋ごといただこうとする。

そうすると、失笑されたり笑ってもらえたりする。

② めずらしいお菓子を買ってくる

「面白そうなので買ってきたのですが、いかがですか。」

と言って、差し出す。

「受けるお菓子」とネット検索すると、様々なお菓子がヒットする。

おすすめのお菓子を下記に載せた。

下記の写真は、右から、「ぷっちょ ロシアンルーレット」「フェイスクッキー」「ウケる‼楽しい小袋ラムネ」である。

お試しいただきたい。

2 退勤時に明るくする

① 「今日は帰るの早いね。」

「病院に行くので。」

「妻の誕生日です。」

と言うのが、よく聞かれるパターンではないだろうか。

熊本県の教授法創造研究所理事長の椿原正和氏は、

「今日はカレーなので帰ります。お疲れ様です。」

と先生方に言って、早く退勤するそうだ。

ご本人に話を聞いてみると、職員のみなさんに笑ってもらうためらしい。

「カツカレーなので帰ります。」

と変化させることもあると教えていただいた（文責 秋山）。

その日に、すべき仕事ができていることが前提となる。

②同僚が帰りにくそうにしていたら

先日、運動会があった。

終了後の職員打ち合わせ。管理職からは、朝の出勤が早かったので、十五時になったら帰っても良いと話があった。

十五時になった。隣の先生が、

「みんなまだ仕事をしているし、本当に帰っていいかしら。」

と私に聞いた。

「先生に文句を言うほど、校長先生は度胸がないです。」

と笑いながら言った。

言われた先生は、笑いながら退勤していた。

このことを、東京都の元お笑い芸人の高橋良氏に話すと、高橋良氏は、

「今夜は帰しませんよ♡」

と笑顔で言うそうだ。

③退勤して忘れ物に気が付いた時

やっと帰れると思って、職員室を出たのはいいが、忘れ物に気が付くことがある。

そんな時は、元気よく笑顔ではつらつと、

「おはようございまーす!」

と職員室に入る。

「おはようございます。」と返してくれたら、

「○先生は、今日早いですね。もう出勤しているんですか!今日は五番目(職員室に四人残っていたら)でしたか。」

と言って、忘れ物を取る。

「みな様が『おはようございます。』と返してくれたから、明日も元気いっぱいで出勤できそうです。お疲れ様です。」

と言って、ニコニコと退勤する。

3 職員室での笑いは状況に合わせて

職員室では、必ずしも笑いが必要なわけではない。

するなら次のことに留意したい。

何か言われたら、即時に笑顔で反応する。

人間関係も考慮する。
その時の職員室の状況を考える。

さらに盛り上げるために、

何か反応してくださったら、即時に笑顔で返す

ということもしていきたい。

7 異動・新採の先生の緊張をほぐすユーモア

橋詰　知志

初めての環境は、どんな人でも緊張をもって迎えている。そんな中、一人でも

> **話しかけやすい人**

を初日に見つけられたら、幸運である。そんな人になるための簡単な技を紹介する。

1 名前を大切にする

　四月、転任者の紹介から学校の一年がスタートする。私は、人の名前を覚えるのが苦手なので、必ずお名前をメモするようにしている。その日のうちに、確認の意味を込めて話しかけるようにする。それも、三日間くらいは続ける。こうでもしないと、本当に覚えられないからだ。

「初めまして、A先生。私、〇年担任になりました橋詰です。よろしくお願いします。あ、すみません。A先生でお名前間違いないでしょうか。私本当に名前を覚えるのが苦手なもので……。」と、自分から話しかけていく。

　そして、何日か続けた後、

> **A先生、おはようございます。ようやく完璧にお名前を覚えました。私、本当に名前を覚えるのが苦手なんです。間違えていたらどうしようとドキドキしていました。名前を覚えられない橋詰です。**

と話しかける。

2 話しかけられやすい雰囲気を作る

新転任してきた先生に、何度か、

> **分からないことがあったら、橋詰先生に聞くようにします。すごく聞きやすいから。**

と言われたことがあった。なぜ、こう言ってもらえるのか考えてみた。

> **暇暇オーラ**

が出ているからだろうと自分で思っている。さらに、

①笑顔　②隙がある

が大切だと思った。

表情はとても大事だと思う。笑顔で挨拶を交わすことで、ユーモアがある同僚だと思ってもらえる。笑顔でいることで、気持ち的にも行動にも余裕が生まれ、周りを受け入れやすい雰囲気を作ることができるのだろう。いい意味で隙ができ、周りの人を受け入れやすくなると思っている。

転任者は、人に聞く場面がとても多い。たまに、わざとかは分からないが、忙しいオーラを出して話しかけられないようにしているのではと思う先生もいる。もったいないなぁと思う。

自分自身が転任者だったら

をイメージして過ごすようにすると、転任者に優しくなれる(はず)。

3 新任の思い出

新任として迎えた初めての四月一日、初任者指導の先生に挨拶をした瞬間、

「あんた、何言ってるか分からへんわ。もっとしっかりしゃべらにゃ!」

と叱られた。

この時、この先生とはあまり話すことはないだろうなぁと思った。初任者として、たくさん教えていただいたり、助けていただいたりと本当にお世話になったのだが、やっぱり私が心を開くことはなかった。

新任の先生に対しては、ほとんどの場合、

こちらが手本をしめす

くらいの余裕がほしい。挨拶ができなかったら、こちらからすればいい。なかなか聞きに来ないと思えば、こちらから困っていることがないか聞いてあげたらいい。

何が分からないのか分からなくて困っている

のが、初任者だと私は思っている。ユーモアとともに余裕をもって接したい。

8 笑いのある校内研究

村野　聡

校内研究といえば、普通はあまり「笑い」がないのではないか？

校内研究の場こそ「笑い」を入れるべきである。

まずは「笑い」の効果を知ろう。

「笑い」によって、脳の働きは活性化する。

海馬は笑うと活性化されて、記憶力がアップする。

また、「笑い」によって脳波の中でもアルファ波が増えて脳がリラックスする。

他にも、意志や理性をつかさどる大脳新皮質に流れる血液量が増加するため、脳の働きが活発になる。

ということは、校内研究の場でみんなが「笑う」ことによって「記憶力アップ」「脳のリラックス」「脳の働きが活発になる」効果を引き出せる。

1 笑いのある研究授業

研究授業で子どもたちがよく笑う授業は、それだけで日常的な学級経営の良さを感じる。

例えば、ある先生の討論の授業を見たことがある。

子どもたちの態度はどう見ても誰かにやらされている感が全くない。本気で自分の意見を述べる。

そして、時々みんなで笑う場面が起きるのである。

さらに、別の研究授業では担任の先生が時々冗談を飛ばす。子どもたちは笑顔で授業を受けている。

それでいて決してだらけた雰囲気は生まれない。

「笑い」は確かに「脳のリラックス」を引き出し、授業もとてもいい雰囲気になる。それと同時に、真剣に意見を言う姿勢が「脳の働きが活発」であることを証明してくれる。その結果、その時間で学んだことの「記憶力のアップ」も見込まれている。

通常は緊張感漂う授業になりがちな研究授業であっても、「笑い」が及ぼす効果を感じさせる。

2 笑いのある研究協議会

さらに研究協議会も同様である。

研究協議会は「笑い」に縁がないことがしばしばある。

研究協議会は司会者の力が大きい。

司会者が「笑い」を意識すると参加者も「脳がリラックス」

し、「脳の働きが活発」になるのである。当然「記憶力アップ」も期待できる。

例えば、司会者の第一声。

「では、只今より研究協議会を始めます。」

と普通は始まる。

しかし、司会者が「笑い」を意識して、

「今日の授業は本当に興味深かったですねえ。ねえ！」

と、まずは参加者をリラックスさせてから、

「では、只今より研究協議会を始めます。とても楽しみです！」

と言えば、かなり参加者の意識は変わるだろう。

司会者は参加者がリラックスできるような配慮も意識したいものだ。

3 笑いのある講演会

私が研究主任だった時に、職場の先生に対して次の企画を打ったことがある。

講座講師募集

要するに、ご自分の得意分野を十五分間講座していただくという企画である。

仮に手を挙げる人がいなければ自分がやればいいと思ってやった企画だ。

ところが！この企画にたくさんの先生が挙手されたのだ！

これこそ「笑い」をたくさん生み出す企画となった。

詳細は以下の通りである。

① 金曜日四時半から四時四十五分までの十五分間の講座を行う。
② 進行については講師に一切任せる。
③ 講座終了後、講師の先生にコメントを書く。
④ 研究部でコメントをまとめて渡す。

この企画に先輩教師の半数以上が手を挙げてくださったのだ！

講座の直前に私が研究通信を「チラシ」のような形にして発行した。これも評判が良かった。

しかも、この講座が終われば退勤時刻である。

おかげさまでたくさんの笑顔をいただけた企画だった。

このように「笑い」を意識した校内研究であれば、きっとその成果も上々であるはずだ。もちろん、緊張感が全くなくなってしまうほどの「笑い」はよろしくない。

緊張感が少し和らぎ、授業者も参加者もどこかリラックスした校内研究を目指していきたいものである。

あとがき

村野先生から笑いの本を作らないかと言われた。

「私が？」

私はとても真面目な人である（笑）。

とてもでないが、作れない。

しかし、学級経営にいきづまっていた。

「笑いを研究すべき。」

そう天が命じたと感じた（この考え自体が真面目）。


我が風雲児サークルには、元お笑い芸人の高橋良先生もいる。笑いを学ぶ絶好のチャンスである。

たくさんの話を風雲児サークルで聞いた。

「お笑いってやはり楽しい。こんな先生と一緒にいたら楽しいだろうなあ。」と心の底から思った。

そうなりたいと思った。


教師は真面目な人が多い。

お笑い系は苦手な人もいるのではないか。

もし、私と同じでお笑いが苦手な先生は是非とも本書を手に取ってお笑いの技術を身に付けてほしい。

子どもたちは大爆笑となる。こちらも楽しくなる。

若い先生がとても良い学級を作っている様子を見かける。技術的にはまだまだ。

しかし、とってもいい表情を子どもたちが見せている。若さだけではないと感じた。よく見てみる。

すると、授業の腕前もさることながら、

①その先生が面白い。
②よく笑う
③とぼける。
④ふざける。
⑤冗談を言う。

この五つの特徴を持っていた。

つまり、「お笑い」を基に学級経営をしているのだ。

「笑いの文化」を作るのは本当に大事だと思った。


最後に、仲間と共に「笑い」を研究できて良かった。

子どものことを真剣に心底思って、行動できるからだ。

この教師によるお笑いの技術や文化が広がってほしいと切に願う。

そして、企画者の村野聡先生、温かく、そしてたくさんの助言をくださった樋口雅子編集長に心の底から感謝を申し上げる。

令和五年六月二十四日　　山本東矢

◎執筆者一覧

村野　聡　教材開発士、教育 YouTuber
山本東矢　大阪府箕面市立西南小学校
高橋　良　東京都狛江市立狛江第六小学校
高橋久樹　三重県伊勢市立明野小学校
木村雄介　大阪府大阪市立平林小学校
橋詰知志　大阪府大阪市立鯰江東小学校
秋山良介　愛媛県西条市立石根小学校
宮まさと　公立小学校教員

[著者紹介]

村野　聡（むらの・さとし）

1963年　東京都生まれ
教育学修士、教育 YouTuber。研究領域は、作文指導法・教材開発・社会科指導法。
公立小学校で34年間の教職生活。担任一筋。その間、国語ワークテスト、社会科ワークテスト、社会科資料集、音読教材等、有名教材を手がけてきた。毎年東京、大阪で「村野聡セミナー」開催。現在、教材開発士。新しい教材開発や授業の発信を進めている。
YouTube 「村野聡チャンネル」
https://www.youtube.com/channel/UCVfcPCB1bxIogQXPq4FGi3Q

山本東矢（やまもと・はるや）

1978年　兵庫県生まれ
大阪府箕面市小学校教諭。TOSS大阪みなみ代表
TOSS大阪みなみ HP：https://yamamoto111-toss-minami.jimdofree.com/
全国の教育セミナーで学級づくり授業づくりを中心とした講座を務める。
著書に「最高のクラスになる！学級経営365日のタイムスケジュール表」（学芸みらい社）「あなたのクラスで楽しさ爆発！山本東矢の仲間づくり学級ゲーム50」（学芸みらい社）などがある。

風雲児

山本東矢、村野聡（YouTuber）、高橋久樹（マジシャン）、高橋良（元お笑い芸人）他、指導主事、教頭、ベテラン教師たちがオンライン上にて集まる教育サークル。
月に２回、教育のあれこれについて情報提供をしたり、授業を検討し合ったりしている。

教室にも笑いは大事やで！ 第1巻

磨け！先生の笑顔
笑いが生まれる学級のヒミツ

GAKUGEI MIRAISHA

2023年９月５日　初版発行

著　者　村野　聡・山本東矢・風雲児
発行者　小島直人
発行所　株式会社学芸みらい社
〒162-0833　東京都新宿区箪笥町31番　箪笥町SKビル3F
電話番号 03-5227-1266
https://www.gakugeimirai.jp/
E-mail : info@gakugeimirai.jp
印刷所・製本所　藤原印刷株式会社
企　画　樋口雅子／編集　阪井一仁
校　正　阿部千恵子
装　丁　SHIRONAGASU WORKS
本文組版　橋本　文

落丁・乱丁本は弊社宛お送りください。送料弊社負担でお取り替えいたします。

ISBN978-4-86757-034-0 C3037

学芸みらい社　村野 聡の好評既刊

子どもが一瞬で書き出す!
"4コマまんが"作文マジック

作文の授業がミラクル変身!

「作文を書きなさい」と言われて、鉛筆がすぐに動く子はまずいない。でも、この4コマまんがを見てなら、どの子もシーンとなり書き出すこと必定。
自由に使えるまんが100枚入り作文ページが奇跡を起こす。作文力UPの書き方トレーニングに最適!

A5判並製／180ページ／定価：本体2100円＋税
ISBN：978-4-908637-52-0 C3037

大好評5刷!

200字ピッタリ作文
指導ステップ&楽しい題材テーマ100

学力は全て「書く」に集約される!

「何で小学生に200字なの?」字数感覚が身につくと、逆にゲーム感覚で作文がどんどん書けちゃう。
かくれた《指導のヒミツ》、ここにあり。教室の「意見文」・「説明文」が質・量ともに大ジャンプする、作文スキル題材テーマ、盛り沢山の注目の書!

A5判並製／180ページ／定価：本体2200円＋税
ISBN：978-4-908637-58-2 C3037

好評既刊!

村野式熱中ゲーム
さいころ作文96
"言葉のきまり"ワクワク身につく新学習方式の提案

好評既刊!

B5判並製／112ページ／
定価：本体2350円＋税
ISBN：978-4-86757-017-3 C3037

神のみぞ知る「さいころ」で教室大爆笑の作文授業!

忙しい授業の合間でもサッとできる「作文ワーク」最新作!ウェブさいころで出た目で作文をつくることで、子どもの「自分の感想を書くのが恥ずかしい」を解決。主語・述語・修飾語、こそあど言葉などつまずきが多い「文法」を楽しく学習できるエラーレス・ニュー国語教材!

書籍のご購入はコチラ!

学芸みらい社　新シリーズのご案内

知的生活習慣が身につく

学級経営ワークシート 11ヶ月＋α

監修：谷　和樹

編著者　尾川智子（1・2年）／岡　孝直（3・4年）／佐藤智彦（5・6年）／守屋遼太郎（中学校）

「教科書のない学級経営に“プロの暗黙知”を」

（谷　和樹「刊行の言葉」より）

B5判並製
平均144ページ
定価：2,300円＋税

ISBN
1・2年：978-4-86757-018-0
3・4年：978-4-86757-019-7
5・6年：978-4-86757-020-3
中学校：978-4-86757-021-0

株式会社 学芸みらい社

TEL:03-5227-1266

〒162-0833 東京都新宿区箪笥町31番 箪笥町SKビル3F
FAX: 03-5227-1267　E-mail : info@gakugeimirai.jp
HP: https://www.gakugeimirai.jp/

オンラインショップはこちらから！

書籍紹介はこちら！

新刊最新情報や書評掲載の情報はこちら！